▲ 垮塌的都江堰聚源中学只剩下残缺的标语诠释着人民教师的誓言

▲ 地震使许多学校的教育教学设施设备严重损毁

▼ 地震将彭州市白鹿镇九年制义务学校整体抬高了3米

◀ 绵竹市汉旺广场时钟定格在了14点28分

▲ 广元东城实验学校教师在简陋的帐篷里集体备课

▲ 汶川县映秀小学师生正在板房教室上课

▲ 地震给灾区师生造成了极大的心理创伤。这是平武县的教师正在围绕“如何开展心理自助与助人”进行讨论

▲ 地震对教育依赖的社区支持系统造成了巨大的破坏。图为震后损毁的都汶高速公路

2009年春花荄小学中心校课程表 一三班 课表

	星期一	星期二	星期三	星期四	星期五
一	语文	语文	数学	语文	数学
二	数学	语文	趣味空间	活动	语文
课间操					
三	趣味空间	活动	语文	数学	活动
四	品德	美术1	音乐	语文	体育
放午学					
五	体育	体育1	语文	音乐1	趣味空间
眼保健操					
六	活动	体育	诗词赏析	美术	安健法

▲ 板房过渡期的课表

▲ 广元南鹰小学在帐篷学校复课

▲ 德阳汉旺中学自制水塔解决板房校区实验课用水问题

▲ 板房校区配置的远程教学设备

▲ 大学生志愿者暑期给板房学校的学生做心理放松游戏

▲ 绵阳安县的学生震后在临时安置点复课，教师、家长共同参与教学管理

▲ 成都市银都小学支教教师在都江堰团结小学板房办公室辅导学生

▲ 绵竹城南中学板房校区组织学生开展集体课间活动，创新活动形式，以适应板房校区活动场地不足的局面

▲ 2008年8月20日，四川省教育厅在新都召开全省灾区中小学心理辅导与心理健康教育工作会议

▲ 2008年9月，四川省教育厅在成都召开全省地震灾区心理健康教育教师省级培训会

▲ 2008年9月至11月，四川省教育科学研究所先后组织专家送培到十个极重灾县，共培训1000余名心理健康教育教师

► 为配合灾区中小学开展心理辅导与心理健康教育课，中央教育科学研究所与四川省教育科学研究所联合编写了《灾后心理辅导与心理健康教育活动课案例》（小学、初中、高中三册）

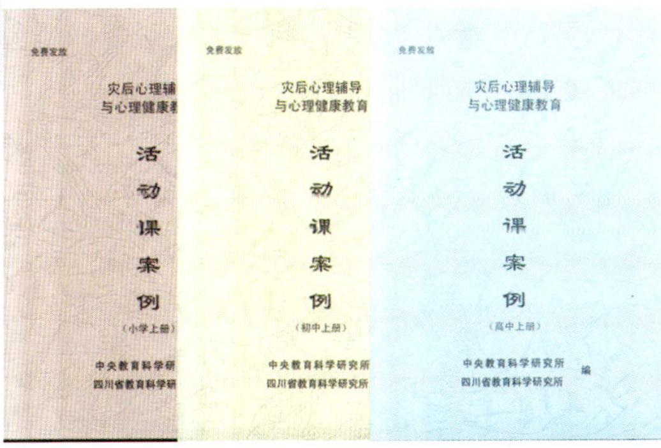

▲ 为提高灾区中小学心理健康教育水平，四川省教育科学研究所举行了心理健康教育优质活动课比赛。这是德阳市比赛现场

▲ 心理辅导感人动心

▲ 中科院心理所安心团队在北川开展心理辅导活动

◄ 绵竹市新建的遵道学校营造了舒适的心理环境

▲ 平武县庆祝2008年教师节暨先进教师表彰大会

▲ 四川省教育厅慰问北川灾区优秀教师代表座谈会

▲ 成都七中组织对聚源学校教师的培训大会

◄ 四川省地震灾区中小学校长管理能力提升培训项目第一期培训班开学典礼

▲ 乐山市召开2008年度支援地震灾区教师座谈会

▲ 桑枣中学召开班主任培训会

◀ 青川县第26届教师节及感恩教育活动

▲ 浙江省第三批赴青川支教团工作汇报暨欢送会

▲ 汶川八一小学校园雕塑

▲ 广元东城实验学校——帐篷教室里的读书声

◄ 北川中学校园文化

▲ 都江堰七一聚源中学校园文化艺术节

▲ 映秀小学板房学校活动

▲ 帐篷学校活动文化

▲ 汉旺中学学生板房寝室

► 汉旺中学板房美化

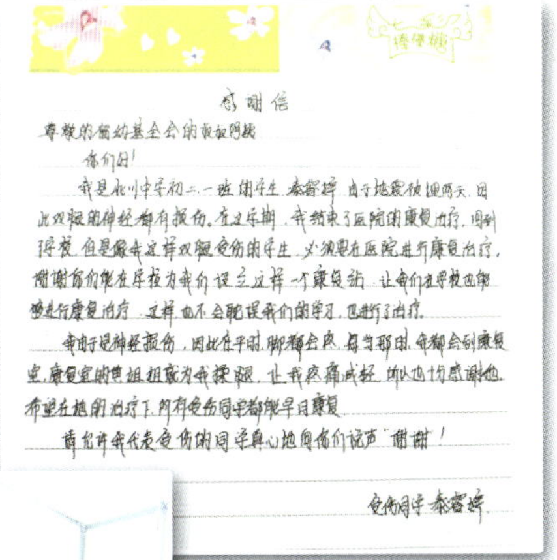

感谢信

尊敬的妇幼基金会的叔叔阿姨

你们好！

我是北川中学初二一班的学生秦蓉婷，由于地震被埋两天，因此双腿的神经都有损伤。在这学期，我结束了医院的康复治疗，回到了学校。但是像我这样双腿受伤的学生，必须要在医院进行康复治疗，谢谢你们能在学校为我们设立这样一个康复站，让我们在学校也能够进行康复治疗，这样也不会耽误我们的学习，也进行了治疗。

我由于是神经损伤，因此在平时，脚都会疼，每当那时，我都会到康复室，康复室的曹姐姐就为我揉腿，让我疼痛减轻，所以也十分感谢她。希望在她的治疗下，所有受伤同学都能早日康复。

请允许我代表受伤的同学真心地向你们说声“谢谢”！

受伤同学 秦蓉婷

▲ 北川中学学生致康复站援建者的感谢信

▲ 映秀小学趣味运动会上志愿者和孩子们在一起

▲ 感谢南京特警叔叔

▲ 绵竹遵道学校的升旗仪式

◀ 都江堰七一聚源中学师生为玉树同胞捐款

▲ 彭州通济中学感恩赋

▲ 一起运动，共享欢乐

▼ 都江堰蒲阳小学感恩教育主题活动

▲ 雅安汉源二中

▲ 北川中学图书馆

▲ 汶川八一映秀小学教学楼

▼ 汉源县白鹤荆州学校

▲ 绵竹广济镇幼儿园

▲ 青川县三锅小学

▲ 彭州通济中学

▼ 都江堰七一聚源中学

▲ 茂县中学教师电子备课室

▲ 绵竹市紫岩小学心理辅导中心

► 温馨的心理辅导室

▼ 济南军区援建的北川擂鼓八一中学

▲ 汶川县水磨中学藏汉双语教学班

▲ 青川县关庄中小学

▲ 宝兴县永富小学

▼ 汶川八一小学

中央教育科学研究所专项业务基金课题

“5·12”汶川特大地震
四川灾区教育重建研究

四川省“‘5·12’灾后教育重建研究”课题组 著

教育科学出版社
·北 京·

课题顾问：袁振国

课题组长：何绍勇

副 组 长：刘　东　吉文昌

目　　录

第二部分　灾后教育重建的实践探索

序 言

涂文涛

翻开这本《“5·12”汶川特大地震四川灾区教育重建研究》，思绪不禁回到2008年那个悲恸的时刻……大地震突如其来，天崩地裂，山河破碎，满目疮痍。灾区教育系统遭受重创，全省共有5335名学生遇难失踪，13768所学校受损，直接经济损失300多亿元，重灾区和极重灾区几十年教育发展成果几乎毁于一旦。面对如此严重的灾情，我的内心充满无比伤痛和深深的忧虑，灾后的四川教育路在何方？

历经两年半波澜壮阔的伟大历程，三年重建两年完成的目标已基本实现，灾区教育正在恢复重建中崛起，发生着脱胎换骨的巨大变化：一座座高楼拔地而起，一所所学校安全而美丽，办学条件达到现代化水平，学生喜爱，家长认可，社会满意；一张张笑脸挂满欣喜，心灵的创伤渐渐痊愈；师资水平和教学质量逐步提升；教育公平、城乡均衡取得实质进展，内涵发展、可持续发展能力日益增强。凤凰涅槃，四川教育开启了历史新篇！

辉煌的成就离不开党中央、国务院的坚强领导，离不开国家部委和对口支援省（市）的无私援助和大力支持，离不开全国人民和国内外社会的倾情帮助，也离不开灾区人民的自强不息和艰苦努力。社会主义制度的巨大优越性和祖国大家庭的温暖是我们战胜灾难、重建家园的最坚强有力的保障。

辉煌的成就离不开省委、省政府的坚强领导。地震发生后，省委、省政府把教育作为重大的民生工程，高度重视教育重建对灾区社会秩序恢复、人民生活安定、经济社会持续发展的深远意义，坚持“灾后重建，教育优先”的方针，集中全力，加快灾区学校恢复重建，促进灾区教育全面振兴。

辉煌的成就离不开我省教育工作者的辛勤努力、超常付出。全省教育系统以科学发展观为指导，以“坚持科学重建，振兴四川教育”为工作取向，全面统筹、以人为本，坚持教育重建不仅是一批硬件的修补和再造，也是一项伟大的文化再生工程；坚持教育重建“软硬结合”，硬件建设与软件建设同步规划、同步实施。在把学校校舍建成最牢固、最安全、最让人民群众放心的建筑，把学校建成最安全场所的同时，通过多种途径，采取多种措施，维护师生身心健康，加强师资队伍建设，更新教育观念，稳定和提升教学质量，为推进灾区学校跨越式发展，办好人民满意的教育打下了良好基础。

辉煌的成就离不开深入的调研、严密的论证和科学的规划。科学决策、民主决策是科学重建的前提。重建开始之际，省教育厅立即着手开展“‘5·12’四川汶川大地震灾后教育重建研究”，由副厅长何绍勇同志牵头，动员组织教育厅相关处室、灾区教育行政部门、教科研部门、高等院校的精干力量，全程开展课题研究，记录教育重建的重要环节，总结教育重建的经验和问题，深层次思考教育重建过程中人与自然、人与社会、人与制度的关系，不仅服务决策，指导重建，而且对灾区教育软实力的提升和教育改革发展进行有益探索和指导。

作为课题研究的成果，《“5·12”汶川特大地震四川灾区教育重建研究》不仅是四川教育人应对灾难大考的答卷，更是当代人留存给后代的一份珍贵遗产。体现出以下三个特点：

一是率先思考教育软件重建问题，强调在硬件建设的同时，着重思考教育软件的匹配和提升，从“教学重建、心理重建、师资重建、制度重建、校园文化重建和赈灾遗产”六个方面，探讨软件重建的路径和方法。二是服务决策，指导实践。面对地震造成的巨大破坏，针对灾区教育重建过程中不断涌现的新情况新问题，课题组坚持科学的态度和精神，始终致力于解决和回答“重建什么”、“怎样重建”等重大问题。课题研究围绕重建实践开展和深化，并在实践中得到丰富和检验，形成了大量具有系统性、科学性和操作性的研究成果，为行政决策提供了重要参考，为教育发展振兴提供了宝贵指导，为软件重建提供了重要智力支持。三是总结规律，服务发展。教育重建不仅收获了巨大的物质成就，还形成了独具特色的抗震减灾和灾后重建经验，成为未来教育发展振兴的宝贵资源。

灾后四川依然美丽，今日天府处处生机。我们坚信，“没有哪一次巨大的历史灾难，不是以历史的进步为补偿”。走过灾难，我们要总结经验，收获成长。无论是翻天覆地的物质成就，还是感恩奋进的精神风貌，都既是对灾区人民自立自强、勤劳智慧的回报，也是灾区人民对社会、对未来贡献的一份财富。

展望未来，经历浴火重生的天府之国，正处在“加快建设灾后美好新家园、加快建设西部经济发展高地”的关键时期。我们要大力弘扬伟大的抗震救灾精神，围绕省委、省政府关于“人才强省”、“建设西部人才高地”的新要求，认真贯彻落实全国教育工作会议精神以及国家和四川省《中长期教育改革和发展规划纲要(2010－2020年)》，促进我省教育事业科学发展、优先发展，早日实现灾区学校“管理一流、师资一流、教学一流”的目标，把灾区建成全省教育科学发展的示范区，建成西部乃至全国教育发展改革的模范，为全面实现我省教育现代化，建成教育强省和西部人才高地作出重大贡献！

（涂文涛：中共四川省委教育工委书记、四川省教育厅党组书记、厅长）

2010年10月6日

第一部分　概　述

2008 年 5 月 12 日 14 时 28 分，四川汶川发生里氏 8.0 级特大地震。这是新中国成立以来破坏性最强、波及范围最广、救灾难度最大的一次地震，给人民群众生命财产带来巨大损失，给经济社会发展造成严重破坏。面对灾后教育重建的严峻形势和任务，在中央教科所的大力支持下，四川省教育厅副厅长何绍勇牵头承担了 2008 年度中央教育科学研究所专项业务资金重大课题——“‘5·12’四川汶川特大地震灾后教育重建研究”，动员组织了省教育厅相关处室、灾区教育行政部门和教科研部门的力量，以及在蓉科研机构、高校的一些专业研究人员，组成了研究课题组。四川省教育科学研究所更是全力投入，组织全所科研骨干力量积极开展灾后教育重建研究。

两年多来，课题组以“服务教育决策，指导教育实践，总结重建经验，探索教育规律”为宗旨，深入灾区开展调查研究，召开多种层次和形式的课题研讨会，形成了大量具有系统性、科学性和操作性的研究成果，为灾后教育重建决策提供了重要参考，产生了广泛的学术影响和社会效益。

本研究的范围：着眼于灾后教育重建中的软环境建设，重点研究教育重建过程中非物质方面的相关内容；研究对象限定在灾区中小学教育的范畴（包括普通中小学教育、学前教育和中等职业教育）。

第一章　问题的提出

汶川特大地震是新中国成立以来破坏性最强、波及范围最广、救灾难度最大的一次地震。四川省共有68712人遇难，17921人失踪[①]，37.5万人受伤[②]。大地震给全省教育系统带来巨大灾难：全省遇难和失踪的学生共计5335名，受损学校达13768所[③]，直接经济损失300多亿元[④]。除直接的物质损失外，非物质方面的损失也非常大。

一、重灾区学校损失严重，学生心理遭受巨大创伤

地震发生时，正值学校上课期间，教育系统蒙受了极为惨痛的损失。广大学生经历了地裂房塌、亲人离散、家庭破碎的悲惨遭遇，重灾区学生在经历地震之后，心理蒙受了巨大的创伤，如果不能及时得到有效干预，轻者将导致身心功能的失调或部分丧失，不能进行正常的学习和生活，重者将可能导致抑郁症或精神分裂等严重的精神疾病，严重影响他们未来的生活。2009年5月至6月，我们采用随机抽样的方法，选取四川省绵竹市、什邡市、安县等极重灾区的小学高年级学生和初中生共550名，有效被试535名。其中家人或同学有伤亡的学生有222人，占全部人数的41.5%，家中住房被摧毁的学生有357人，占66.7%。

对17个项目学生的回答情况分别进行统计后，发现学生在“当我想起或听别人说到地震的时候，会感到难过”、“试图不去想起、谈论或感受地震这件事”以及“很难集中注意力”这几个项目上得分最高，排在了前三位。而得分最低的是“试图躲避那些会让我想起地震的活动、人或地点”、“对过去日常要做的事明显失去兴趣”和“感觉我未来的计划或希望不会实现”。见下表。

---

① “5·12”汶川大地震周年新闻发布会

② 四川省灾后恢复重建委员会．抗击汶川地震灾害的“四川实践”与启示．四川日报．2010-6-1(1)．

③ 今日，灾区学校百分之分复学复课．四川日报．2008-9-1 (1)．

④ 坚持科学重建 振兴四川教育——访四川省教育工委书记、教育厅厅长涂文涛．中国教育报．2009-5-13 (1)．

中小学生在儿童创伤后应激障碍问卷不同题项上的得分情况

题 项	平均数	标准差	排 序
当我想起或听别人说到地震的时候，会感到难过	1.20	0.95	1
试图不去想起、谈论或感受地震这件事	1.07	1.00	2
很难集中注意力	1.00	0.92	3
和地震有关的令人难过的想法或画面，会突然闯进脑海	0.89	0.68	4
我的行为或情绪反应好像地震再次发生一样	0.84	0.76	5
感觉焦躁不安或容易发火	0.83	0.61	6
感觉紧张或很容易受到惊吓	0.75	0.65	7
无法记起这次地震的重要部分	0.70	0.61	8
会做噩梦	0.69	0.62	9
过分警觉	0.67	0.64	9
很难入睡或容易惊醒	0.65	0.56	11
当我想起或听别人说到地震的时候会有一些身体反应	0.64	0.64	12
感觉与周围的人不亲近	0.61	0.68	13
情绪麻木	0.61	0.83	13
试图躲避那些会让我想起地震的活动、人或地点	0.58	0.54	14
对过去日常要做的事明显失去兴趣	0.58	0.79	14
感觉我未来的计划或希望不会实现	0.43	0.77	15

与中学生相比，小学生更容易出现反复重现创伤性体验的症状。女生在“反复重现创伤性体验”、“回避与刺激相关的情境”和“持续性警觉”三个维度上的得分均显著高于男生。有家人或同学伤亡的学生在三个维度上都显著高于没有家人或同学伤亡的学生。学生认为灾后的心理状况对自身学习的影响最大。①

中科学院心理所在灾区开展心理援助工作的过程中，曾对绵阳地区6000余名学生进行过调查，结果也显示，灾后半年PTSD（创伤后应激障碍）人群达12.7%—22.1%，明显抑郁症状者达13.2%—21.5%，明显焦虑症状者达20.2%—29.9%；灾后一年调查PTSD筛查阳性人群还高达13.4%，焦虑人群达22.7%，抑郁人群达16.1%；对德阳绵竹482名中学生灾后半年的调查显示，青少年PTSD筛查阳性达23.4%。

二、重灾区教师生活及工作条件毁损，心理遭受严重创伤

地震中，重灾区教师经历了家园瞬间破碎的惨景，有的亲人离散，有的亲眼看到自己的学生、同事、朋友伤亡，给他们的心理带来了巨大的冲击。

复学复课后，教师的工作与生活条件艰辛。2008年10月至11月，在对四川省10个极重灾区的317名中小学教师进行心理健康教育方面的培训过程中，在征

① 张彩云．地震灾区学生心理健康状况调查研究［J］．中国特殊教育，2009，(9)．

得参培教师同意的情况下进行了问卷调查。[①]

对17个项目教师的回答情况分别进行统计后，发现教师在"不由自主地一再想起地震时的情形"、"对很多事情失去了兴趣"、"在小事情上容易激动愤怒"以及"注意力不集中"这几个方面报告最多，分别占总人数的51.3%、46.8%、45.8%和42.6%，而出现最少的是"不想和人来往"、"没有理由地出现恐惧害怕"和"对声音、光线过度敏感"。见下表。

中小学教师在创伤后应激障碍问卷不同题项上的得分情况

题　项	人　次	百分比（%）	排　序
不由自主地一再想起地震时的情形	159	51.3	1
对很多事情失去了兴趣	145	46.8	2
在小事情上容易激动愤怒	142	45.8	3
注意力不集中	132	42.6	4
失眠或整天想睡	128	41.3	5
容易紧张和神经紧绷	126	40.6	6
容易疲倦	121	39.2	7
不想去谈论和地震有关的情绪感受	121	39.0	8
不想去回想与灾难有关的人和事物	118	38.1	9
睡眠时做噩梦，容易惊醒	118	38.1	9
容易出汗或胃痛、消化不良	100	32.3	11
一再想起以前或其他可怕的个人经验	94	30.3	12
对自己的未来感到悲观	90	29	13
容易与他人起冲突	85	27.4	14
对声音、光线过度敏感	72	23.2	15
没有理由地出现害怕恐惧	68	22	16
不想和人来往	58	18.7	17

调研中发现：地震灾害造成中小学教师的心理健康问题较为突出，情绪衰竭现象达到了较为严重的程度，表现出厌倦、易怒和热情衰退等状态；部分教师人格解体，对工作冷漠、消极，人际交往疏远；社会功能受损，一方面心理创伤严重的教师已难以坚持正常上课，另一方面坚持上课的教师在价值观、人生观等方面也发生了一些改变。这些问题如不积极引导和关注，将给学校的教育教学工作带来负面影响。

三、学校正常的教育教学秩序和管理秩序被打乱

地震中断了正常的教育教学秩序，打乱了教育管理秩序。一些极重灾县教育

---

① 张彩云，曾宁波，赖长春．地震灾区教师心理健康状况调查研究［J］，中国特殊教育，2009，（5）．

系统损失惨重，如北川县教体局，6 名局长副局长中，只有一人幸存。58 个职工中 33 人遇难，除一辆车因外出公干幸免于难外，其他财产均毁于一旦。而 25 名幸存者中，有 9 人或年老或受伤，能继续工作的只有 16 人。

及时、安全、全面复学复课意义重大，任务繁重，但面临着一系列新情况、新问题，尤其是板房学校，卫生防疫问题，安全问题，教育教学的组织和管理问题，音乐、体育、实验等课程的开设问题，教学资源严重匮乏的问题。气候、场所带来的教学环境不良问题普遍存在。比如，当时的绵竹遵道镇板房学校，开学当天正值夏季，气温高，连日大雨把操场变成沼泽地，学生们双脚都被泥巴淹没，难以行走。夏季板房透气性差，加之阴雨天气多，房间内潮气非常大。进入冬季后，由于没有取暖措施，学生们只能在冰冷的条件下学习，条件非常艰苦。这些问题，都需要认真研究，及时解决。

四、学校教育教学所需的社会支持系统被削弱

在重灾区，社会公共管理及运行系统整体上遭到毁坏，导致学校赖以生存的外部环境（如医院、交通、公共文化、教育教学实践场所等）被破坏，教育生态平衡系统被打破。根据国务院新闻办公室公布的消息，截至 2008 年 8 月 4 日 12 时，灾区受损里程累计 53295 公里，受损供水管道累计 48275.5 公里，因灾受损商业网点（含个体工商户）多达 138960 家。同时，家庭、社会、经济等情况发生重大变化，人们的价值观念、生活方式也随之发生改变，社会支持教育的能力被大大削弱。

五、深入研究灾后教育软件重建是教育工作者的使命和责任

“5·12”四川汶川特大地震发生当天，四川省教育厅就成立了以厅长为组长的抗震救灾工作领导小组，迅速投入到抢险救灾与师生紧急安置工作中。在恢复重建阶段，按照党中央国务院、省委省政府的部署和要求，在科学发展观的指导下，四川教育系统以“坚持科学重建、振兴四川教育”为全省教育工作的总体取向，全力投入灾后教育恢复重建。

教育重建，重建什么？如何重建？并没有现成的路可走。《汶川地震灾后恢复重建条例》对教育重建中的硬件重建做了全面部署，而精神家园等软件方面的重建急待我们在工作中创造性地实施，这是我们教育工作者面对巨灾应有的责任和使命。

灾后重建，民生为先；民生重建，学校为重。党中央、国务院和四川省委、省政府高度重视教育重建，将教育重建摆在优先重建的战略地位。面对地震给教育的“硬、软”环境造成的巨大破坏，在教育的恢复重建过程中，重建什么、怎样科学重建等事关灾区教育发展的重大问题历史性地摆在了我们面前。

第二章　灾后教育重建研究的理论基础

重建什么，如何重建，既是一个实践问题，也是一个理论问题。做好灾后教育重建工作，需要以科学的理论作指导。

一、以科学发展观指导灾后教育重建研究

党的十七大报告明确提出，科学发展观，是对党的三代中央领导集体关于发展的重要思想的继承和发展，是马克思主义关于发展的世界观和方法论的集中体现，是我国经济社会发展的重要指导方针，是发展中国特色社会主义必须坚持和贯彻的重大战略思想。在科学发展观理论体系中，发展是第一要义，以人为本是核心，全面协调可持续是基本要求，统筹兼顾是根本方法。

在教育重建过程中，我们全面把握科学发展观的科学内涵和精神实质，始终坚持以科学发展观来指导灾后教育重建工作。

（一）坚持教育优先发展

灾后教育重建不仅仅是灾区社会重建的重要组成部分，更是一项重大的民生工程，对社会秩序恢复、人民生活安定和经济社会持续发展具有深远意义。灾后教育重建涉及优化教育结构、调整学校布局、安置师生生活、恢复重建校舍、提高办学质量、促进教育改革等多项内容，要坚持一手抓灾后重建，一手抓教育改革，着力转变不适应不符合科学发展观的思想观念，着力解决影响和制约灾区教育科学发展的突出问题，实现灾区教育事业全面振兴和跨越式发展；坚持把提升灾区教育为经济社会贡献率作为根本取向，为四川省实现“两个加快”作贡献。

（二）坚持把以人为本作为各项重建工作的核心

《重建条例》明确规定地震灾后重建应当坚持以人为本，就是要在救灾和重建的全过程中，把满足人民群众的教育需要，办好灾区人民群众满意的教育作为宗旨；从灾区师生的实际出发，从物质需要和精神需要两个层面关心灾区师生的生

存状态和学习工作条件，关注学生个性需求和全面发展，关注教师队伍的身心健康和专业发展。

（三）体现教育全面协调可持续发展的要求

特别是要调整教育结构，改善教育体系，有步骤地调整各级各类教育的比例结构，建立完善的现代国民教育体系；以教育公平为导向，在全面完成校舍重建的基础上，大力加强师资队伍建设，提高学校教学质量和办学水平，推动灾区教育均衡发展；坚持学校向社区开放，协调教育内外关系，进一步扩大灾区教育开放程度；建立对口支援的长效机制，提高灾区教育自主发展能力，做到全面考虑、从长计议，协调好当前重建需要和今后长远发展的关系，为灾区教育又好又快发展创造条件。要建立民主、科学的教育决策机制，把恢复重建看作是解决历史问题的一次机会，深入专题调研，科学总结灾后教育恢复重建的经验和教训，促进教育健康持续快速发展。

（四）坚持统筹兼顾

灾后教育重建千头万绪，任务繁重艰巨：教育硬件建设和软件建设需要统筹；校舍及配套建筑、设施设备、教师队伍、校园文化、心理健康、学校管理制度的建设规模和顺序需要统筹；教育改革发展和经济社会发展需要统筹；灾区师生物质生活和精神生活安排需要统筹……这一项项具体的工作，既相互联系又相互制约，只有科学调度、统筹安排，理清教育重建中的重点、难点、突破点和特殊人群受教育的现实问题，统筹各级各类教育发展，兼顾各种人群的教育利益，才能保证灾后教育重建平稳、有序、有效开展。

二、以教育生态理论系统思考灾后教育重建

教育生态理论是以教育为研究对象，从生态学的维度、采用生态学的方法来剖析教育的内外部系统，从而分析教育的生态功能并揭示教育生态基本规律的理论。运用教育生态理论来考察灾后教育重建，有助于准确把握灾后教育重建的协调问题（协调经济、政治、文化和教育的关系），从而有效地保证灾后教育重建的科学性，实现灾后教育重建的可持续发展。

生态学理论指出，世界是“人—社会—自然”的复合生态系统，是一个有机的整体。英国生态学家坦斯烈（A. G. Tansley）认为，“所谓的生态系统，包括整个生物群落及其所在的环境物理、化学因素。它们是一个自然系统的整体。而在成熟的生态系统中，这些因素接近于平衡状态，整个系统通过这些因素的相互作

用而得以维持”[①]。据此，教育生态理论认为，教育系统内的诸要素不仅在内部相互联系、相互作用形成一定的结构，而且教育系统内外也进行着能量、物质和信息的交换，具有多维镶嵌性。这些观点在研究灾后教育重建问题上具有重要理论价值。

本项研究从教育生态学的以下视角进行了分析。

1. 主体与环境

主体的分析视角是按照教育主体的基本特征和价值取向，去认识、整理、要求教育活动和现象。教育生态系统的主体是人，包括学生、教师、教育系统管理人员、家长及其他社会相关人员，其中学生是教育生态系统功能所指向的群体，其他成员是教育生态系统功能发挥的保障性群体。这一角度所注重的是分析教育现象本身的成因、意义和存在价值，把作为生态主体的人的发展，尤其是学生的发展作为研究和分析各种教育现象的价值尺度。

环境的分析视角是按照联系的、优化的、整体性的模式去认识教育活动和现象。这一角度所注重的是教育活动与条件之间的联动，把环境保障机制作为研究和分析各种教育活动的出发点。

地震灾变对灾区教育生态环境造成极大破坏，对灾后教育重建问题的研究亦需要从主体与环境的关系出发，分析灾变导致环境的改变如何影响人的教育活动，以理解教育现象本身的成因、意义和存在价值，对教育重建措施的预设、实施与评估都要以促进作为生态主体的学生和教师的发展作为价值尺度。

2. 遗传与突变

遗传的分析视角，是指按照事物的“基因”自身所固有的逻辑和法则去认识、整理各教育现象和问题。因此，分析教育现象要顾及教育本质在时间上的连续性。

突变的分析视角，是指按照适应变化、发展求新的观点或标准去认识、整理和评价各种教育现象和问题，对教育创新赋予意义和价值的优先性。

灾变之后，教育系统一方面维持其固有的基本运作方式，克服各方面物资条件的不足，应社会的需求，设法恢复其原有的教学活动。但灾后重建不是简单的恢复，而是在既有现实的基础上，与整个社会的重建发生联动，在引进能量和物资的同时，进行内部改造和组织变革，自我调节建立新的平衡与秩序，实现教育的发展性重建与创新。

3. 平衡与失衡

教育系统是一个动态发展的生态系统，平衡与失衡是生态运动过程中的各种复杂关系的表现形式，它们既是生态主体与其环境关系的反映，又是不同生态主体关系的反映。平衡的分析视角，是按照和谐、协调的模式或假设去认识、要求、

---

① 凌玲，贺祖斌．教育生态学视野中的区域教育规划．教育发展研究．2005，(9)．

看待教育活动和现象。与平衡的分析视角相比，失衡的分析视角是按照冲突、矛盾的模式或假设去认识、要求、看待教育活动和现象，它赋予教育以动态、创新的意义和价值及其优先性。失衡的状态体现出不同群体或区域的需求，是认识灾后教育重建技术与方法路线的基本的预设，也是教育重建走向教育创新与均衡发展的出发点。

教育生态理论就是要研究和解决这些问题，因此，成为我们研究灾后教育重建主要的理论依据之一。

此外，我们还采用了社会学、管理学、心理学等方面的理论指导总课题的研究。

三、对教育重建内涵的理解

基于以上理论，我们认为：

1. 教育重建是一种发展性重建

教育重建不是灾前学校教育条件的简单恢复或“克隆”。它既是恢复和修复，也是再生和新生，更是创新和创造。教育重建不仅要解决因灾产生的新问题，还要解决震前教育改革和发展中存在的教育发展不均衡、学校布局不合理、优质教育资源不足等老问题。大灾之后的教育恢复重建，本质上是一个原地起立的过程，是一个发展起跳的过程，是一个破旧立新、革故鼎新的过程。因此，教育重建要立足实际，遵循教育规律，在废墟上建设一个继承历史、融入现实、面向未来的新教育，建设一所所跨越式发展的新学校。

2. 教育重建是“软硬件并重”的重建

教育重建，不仅重建学校校园、校舍、设施和设备，更需要重建教育精神、心灵家园、校园文化、教师队伍、学校课程、教学制度等。硬件重建是为教育重建提供物质基础、办学条件；软件重建则是谋划教育重建的内涵发展，提升、增强教育可持续发展的软实力，就是要“努力建设管理一流、师资一流、教学一流的优秀学校”。

硬件重建必须与软件重建相结合，软件重建与硬件重建相辅相成。我们甚至可以说：教育重建中软件重建，是教育重建的灵魂。一流的硬件需要一流的软件和管理，“软件”不到位，就会限制、制约“硬件”作用的发挥。可见，软件在一定程度上具有更重要、更持久和更深远的意义。

在灾后“教育重建”研究中，课题组将其置身于整个灾区重建大背景中，紧紧围绕“教”和“育”两个“软”核心环节展开研究，与其他“硬”的方面重建相辅相成，紧密联系。

第三章　国内外灾后教育重建经验及启示

他山之石，可以攻玉。我国台湾地区的“9·21”地震、美国新奥尔良市的卡特里娜飓风以及日本的阪神地震发生之后，这些地区在教育重建方面都有很好的做法与经验，对我们科学开展灾后教育重建具有重要的启发价值。

一、科学认识教育重建

1999 年 9 月 21 日，台湾中部发生里氏 7.3 级大地震。在重建过程中，“新校园运动”成为灾区教育重建的核心工作。[①]“新校园运动”号召建筑师热情投入校园设计，鼓励校方和社区人士积极参与讨论，共同探索融合现代教育理念的新型校园。经过两年的努力，该运动创造出近四十所各具特色的新校园，深入推动了台湾新时期教育的改革发展。

“新校园运动”提出：“校园，绝对不应是钢筋水泥简单堆砌出来的呆板的火柴盒；9·21 大地震，这场台湾有史以来死伤最惨重的灾难，也同样是无比珍贵的、将教改理念融入校园重建的、软硬件双重建设的历史契机。”因此，重建的不仅是美丽的学校，更是充满文化内涵、进一步发展的学校教育，是可持续发展的绿色校园环境。

四川省灾后教育重建也应该建立在对教育重建的科学认识基础上。首先，应该明确教育重建不仅是校舍的重建，更是校园文化的重建，是教育精神的重建，必须考虑硬件和软环境两方面的建设。硬件建设必须以实现教育发展目标为根本依据，与软环境的建设相适应、相配套。其次，应该明确重建不仅是恢复，更是发展，不仅是还原，更是创造。

---

① 朱涛、李抒青．“新校园运动”——台湾“9·21”震灾重建的启示．世界建筑．2008，(7)；吕钦文．台湾“9·21”震后的校园重建．中国改革．2008，(7)．

台湾台南县盐水镇欢雅国民小学

台湾台中市仁美国民小学

台湾新港艺术高级中学

二、切实践行教育重建理念

参与“新校园运动”的教育行政部门、建筑设计者和学校在重建初期不断深化理论思考，并作为后期工作的理论指引，是重建工作顺利开展并最终成就影响广泛的“新校园运动”的根本原因。

台湾宜兰县凯旋国民中学

台湾彰化县立信义国民中小学

“新校园运动”理念要旨是从“安全”的基本目标出发，以开放性视野来关照教育，主要包括对现代教育和学校建筑空间的关系、学校与社区的关系、教育与文化的关系等方面的探讨。落实到重建工作中，则表现为以下具体原则：确保安全、健康以及舒适的无障碍环境；落实高效能、弹性化且符合机能的教学环境；硬件可供作社区终身学习及景观地标的核心设施；建立校园与学区、社区资源的整合与共享模式等。

四川省灾后教育重建也必须以正确的教育理念为指导，其中非物质方面的“软环境”建设更加离不开符合教育规律的前瞻性的理论指引。实现教育安全发展是重建的基本要求，创建和谐校园是教学重建和发展的重要目标，全面实施素质教育是教育改革发展的根本目标，这些目标如何落实到重建的规划和设计中，是首先要研讨的问题。

三、着力构建多方力量参与重建的运行机制

发挥政府的主导作用，动员社会各方面的力量，构建高效运行机制来推动教育重建，是台湾“9·21”地震和日本阪神地震灾后重建中一条共同的经验。

1. 台湾“9·21”地震：开展“新校园运动”，构建多方协调合作和社区民众参与的机制

“新校园运动”在震后两年完成新校园的重建并取得多方面的成就，很大程度上得益于重建中多方协调合作和社区民众参与的机制。

重建工作涉及政府、志愿者、企业、学校等诸多方面，创造性地设计出社会各界可以通力合作的机制和平台是重建顺利推进的重要保障。民众参与的机制主要是指在学校的设计过程中，充分吸纳学校教师和社区居民的意见，并且创造条件激发他们的想象力和创造性，使新校园既体现教育改革的理念，承载学校的传统，同时又能吸纳本地的文化，能够与社区实现融合和互动。这些工作机制既是重建工作的保障，本身也属于需要重建的“软环境”。

2. 日本阪神地震：有效动员多方力量参与重建①

1995 年 1 月 17 日，日本阪神地区发生里氏 7.2 级地震，造成严重的人员伤亡和财产损失。在教育重建过程中，政府发挥主导作用，重视市场机制，创造条件调动社会多方面力量有效参与重建，取得良好效果。

首先是政府与民间合作、互补，共同构建学校救助体系。日本震后的学校救助体系分为自我救助、政府救助和社会救助三大部分。其中，以自我救助和政府救助为主，社会救助为辅。政府救助主要包括地震保险再保险和直接向学校提供资金救助两种形式。社会救助主要包括社会各界的捐款救助和金融机构的救济措施。

其次是确定各类资金的优先使用原则，为民间社会资金打通渠道。凡是能够通过产业化和市场运作方式来重建的项目，都不采用社会捐助和政府财政投入，从而鼓励和最大化使用民间的资金，把政府资金用于基础的公共项目上。

最后是根据公共产品的不同性质，允许市场有限介入。对于公益性强和获利小甚至无利的项目，主要由政府承担，对有一定公益性和有获利可能的项目，则按市场机制来运作。

---

① 李松林．美日灾后学校重建的经验及其启示．外国中小学教育．2008（12）．

四、积极推动教育教学改革

教育重建是一次难得的破旧立新的契机，必须反思震前教育已存在的问题，审视震后出现的新情况、新问题，兴利除弊，在重建中实现更高水平的发展。

台湾“新校园运动”力求改变过去一元化的填鸭式教育体系，在校园空间设计上尝试把人本教育、开放教育、小班教学、终身学习、校园开放、绿色学校等理念贯彻进去，既实现了灾区教育震后的改革发展，也推动了台湾其他地区的教育教学改革及校园改造。

美国新奥尔良市灾后开展的特许学校改革也为该市教育发展带来新生，使其教育质量超越了灾前水平。① 所谓特许学校，是由政府出资，由其他具有相关资质的机构独立经营的公立学校。经营者跟政府签订协议，免除很多烦琐的管制，在学校管理中享有很大的自主权和独立空间。灾后被认定为“危校”的学校均被改制成特许学校，实行大刀阔斧的改革。重建两年的实践表明，特许学校学生取得的考试成绩，普遍优于传统的公立学校；在全市排名前 20 名的学校中，特许学校占了 17 所。特许学校改革获得众多教育专家的赞赏，也受到家长的欢迎。全市读公立学校的学生中有 60% 就读于特许学校，这一比例在全美国所有学区中是最高的。

可见，在教育重建中，着力开展教育教学改革，尊重学校特色办学理念，增大学校办学自主权，是“新校园运动”和特许学校改革的重要经验。

总之，教育重建不仅是一批硬件的修补和再造问题，也是一项伟大的文化再造再生工程。重建过程中，我们不仅要保证新校舍结构的稳固，新设施的优良，还应该依靠教育改革，重新定位教育在社会事务中的地位，重新思考校园空间设计和生态环境、文化传统以及社区空间的关系，尊重学校办学理念、鼓励学校发展特色，充分调动社会各方面力量参与重建。我们应充分借鉴其他国家和地区的经验，结合当前经济社会发展和教育发展的实际，探索重建的科学方法，创造性地实现灾区教育科学发展。

---

① 李茂．灾后学校重建：新奥尔良的故事．中国教师报，2008－6－11.

第四章　研究目标、意义、技术路线与方法

一、研究目标

（一）总目标

研究过程中，我们把总目标确定为：

贯彻中央、省委省政府科学重建规划和要求，落实教育厅重建工作具体安排，从实际需要出发，努力探索重建规律、总结教育重建经验，为科学重建提供决策参考，为实现灾区教育科学重建，“从废墟中浴火重生”提供智力支持，为我国及世界灾后“教育重建”留下一笔宝贵的精神财富。

（二）具体目标

一是关注师生心理康复，帮助灾区师生摆脱心理阴影，形成积极的精神状态。重点探索对各种心理援助力量的协调和管理，建立灾区中小学心理援助长效机制。

二是关注教育教学秩序的恢复，促进异地复课和板房复课的有效开展。重点探索大灾之后教育安置及复课管理的应急经验。

三是关注灾后师资队伍建设，保障灾区教育教学质量的稳定和提升。重点探索大灾之后师资的补充、激励、培训等管理经验。

四是关注伟大的“5・12”抗震救灾精神，重建师生美好精神家园。重点探索赈灾遗产挖掘、校园文化建设、学校制度重建。

二、研究意义

（一）现实价值

教育重建是整个灾后社会恢复重建的重要内容，对灾区社会秩序恢复、人民生活安定、社会经济持续发展将产生长远的影响。我们应站在整个灾后社会重建的高度来认识教育重建的意义及独特的价值。学校在这次地震灾害中受损很大，备受社会舆论关注。教育重建关系到学生、家长和社会的长期利益，是一个重大

的民生问题，甚至可以说是整个社会恢复重建的窗口。这个窗口作用发挥得好，将有利于帮助人们理性认识灾难、稳定社会情绪；有利于加强政府与民众的沟通，维护社会的稳定，进而促进社会经验的发展。总之，教育重建对整个灾区重建具有重大的政治意义和社会意义。正如温家宝总理于 2008 年 5 月 23 日在绵阳九洲帐篷学校指出的那样，“只有当我们把孩子们的教育放在第一位时，才能很好地重建灾区——孩子们是国家的希望”。

（二）理论价值

“5 · 12”地震灾害是特大自然灾害，其影响，从空间上看，震动中国，影响世界；从时间上看，持续长久，影响未来。灾害造成的许多现实问题等待我们研究和解决，许多教育理念和做法必须重新调整、确立。我们将从现实的、宏观的、长远的角度，研究教育重建过程中人与自然、人与人、人与社会、人与制度的关系以及特大灾难发生时的应急机制和体制等内容，“5 · 12”地震本身也为这些问题的研究提供了不可重复的机会。

本课题也因其特殊性而具有重要的理论与实践价值，从事这项研究具有开拓性意义。我们既是受灾者，也是教育的责任人，我们要有创新的思维，打破惯性和条框的约束，以创新思维实现创新成果，力争使我们的研究对灾区有指导性，对非灾区有启发性，为四川省教育重建、教育的长远改革发展提供规范，为全国其他地区提供参考，为后来者遇到类似情况提供启示和借鉴。

三、研究思路、技术路线及方法

（一）研究思路

1. 以人为本，充分尊重灾区群众、师生的发展需要。在研究“重建什么”的内容选择上，眼中有人。例如，在教育重建中重视对灾区教师队伍生存环境的重建。大地震不仅摧毁了学校校舍、设施、设备等办学“硬件”，还对教师造成了难以估量的伤害。地震造成的教师心理创伤十分严重；教师赖以生存的基本生活资料也严重毁损。对此置若罔闻，教师队伍的工作能力将很难修复。在研究“如何重建”的过程中，必须眼中有“人”。既要根据我们对教育发展的经验和认识，根据国家有关总体规划来考虑教育重建方案，也要在充分了解灾区群众、广大师生对教育重建的具体需要、现实需求的基础上来落实教育的恢复重建。

2. 科学把握教育重建的阶段特点，强调重建过程的前后协调。随着灾后学校教育工作的恢复，已经呈现出一个我们从未经历过的“板房教学时期”，有很多新情况、新问题迫切需要研究解决。根据事物发展具有过程性的辩证唯物主义观点，整个教育重建的过程将会以若干相互衔接的“教育重建阶段”出现。必须在整个研究过程中深入把握教育重建各阶段的主要特点，有针对性地、前后协调地解决问题，以实现灾区教育的可持续发展。

3. 继承、除弊、布新，又好又快发展。避免复制弊端，注意研究灾区教育在过去的发展中所存在的问题、未解决好的问题，利用新的发展条件，努力解决好这些问题。重视发展创新，认真研究灾区教育重建的发展重点，适度超前思考，立足长远，为三年恢复以至更长时间的又好又快发展创造条件。

4. 在教育重建工作中开展研究，以研究推进教育重建工作。作为一项实践性很强的决策性研究，要基于解决实践中的问题，在实践活动中研究，最终要接受教育实践的检验。所有研究人员必须深入第一线，加强调查研究，充分听取和重视一线师生的意见，准确分析和掌握灾区教育重建的真实需求，了解灾区教育重建的基础、条件和困难，以便有针对性地开展工作。同时要加强理性思考，形成系统性、指导性强的灾后教育重建的理论体系，以指导科学重建，并留下宝贵的灾后教育重建的理论和实践财富。

（二）研究技术路线

1. 研究问题。分专题研究灾后教育面临的主要问题，以及灾后教育重建中出现的新情况、新问题，为教育实践和教育决策提供信息和技术支持。

2. 展现过程。紧密结合抗震救灾和灾后重建过程进行研究，并在研究中充分展示四川省灾后教育重建取得的辉煌成就和工作经验，展示教育系统在抗震救灾和灾后重建中的精神面貌和突出贡献。

3. 揭示规律。围绕抗震救灾和灾后重建过程，加强理性思考，形成系统性、指导性强的灾后教育重建的理论体系，初步探索教育系统抗击自然灾害及灾后重建的基本规律。

4. 总结经验。全面总结抗震救灾和灾后重建经验，为灾区教育跨越式发展提供系统建议和技术支持。

5. 服务决策。在抗震救灾和灾后重建过程中开展研究，为教育行政部门提供系统、科学的教育决策信息。

6. 指导实践。将研究成果及时运用到重建实践活动中，为灾区教育重建提供专业性、操作性的技术支持。

（三）研究方法

1. 文献法。主要用于文献的梳理。

2. 比较法。主要用于灾后教育重建的国内外比较，尤其是总结国外灾后重建经验，思考四川省灾后重建的对策建议等研究。

3. 调查研究法。主要用于了解灾区教育重建面临的现实问题、赈灾经验总结、重建成效等研究。

4. 行动研究法。主要用于对灾区教学重建、心理重建、师资重建、制度重建、校园文化建设、感恩教育等过程形成研究成果，并及时将研究成果运用到灾后重建中。

5. 个案研究法。主要用于记录和分析学校、教师、学生在灾后教育软件重建中存在的典型做法、经验反思、成效展示等。

四、课题实施过程和主要特点

一是突出实践性

两年多来，课题组深入6个重灾市（州）39个县（市、区）考察调研，参与重建对策和措施的商讨，以获得的认识来指导实践。仅规模性调研，总课题组先后有300多人次参与。

二是注重开放性

协同攻坚。课题组吸纳了教育厅相关处室和市（州）区县（市）教育行政人员、专业教育科研人员、高校教师和灾区中小学教师达100多人直接参与研究，形成了跨系统攻关、多部门协作、大面积参与的课题研究运行机制。通过60多次各种形式的课题研讨会，不断碰撞，形成成果。

集思广益。以科学发展观为指导，根据研究的需要，借鉴相关学科的成果和国内外灾后教育重建的经验。

三是体现决策性

课题根据教育重建阶段的需要，根据灾区教育跨越式发展的需要，结合灾区经济社会发展背景来开展研究，为决策提供专题信息和超前思考的决策建议，如地震发生后的心理抚慰、转移安置阶段的教学调整、重建阶段的感恩教育等。

第二部分　灾后教育重建的实践探索

灾后教育重建，不仅是一批硬件修补和再造问题，也是一项伟大的文化再造再生工程。本部分立足于灾后教育软件重建，重点对教学重建、师生心理重建、师资队伍重建、学校制度重建、校园文化重建、赈灾中的教育遗产挖掘等六个方面进行了研究与实践，分专题提炼形成了系统性、实践性、操作性均较强的灾后教育软件重建措施和认识成果。

第五章　学校秩序恢复与教学重建

教育重建，教学为重。教学重建主要关注在震后的教学环境中，学校如何恢复教学秩序，坚持开展教学活动。“5·12”地震突袭，灾区学校教育教学活动被中断，教学活动场所、设施设备等无法继续安全使用，板房学校条件简陋；教学活动主体（学生和教师）以及学校教学活动的支撑性群体因人员伤亡和心理危机，无法投入正常教学活动；教育的社会支持系统受破坏，教学活动资源环境严重受损，教学所需的资讯与物资无法正常供给。面对灾后教学生态环境的变化，教学重建主要从以下三个方面入手：一是全力以赴，保障复学复课，尽量恢复教学活动，稳定社会秩序，安抚人心；二是始终着力于保障教学质量，在灾后重建的各个阶段，因地制宜，放权基层，调整教学活动方式，完成教学内容，跟进教学进度，有效开展教学工作；三是借助重建的契机，加强地方课程建设，深化课程改革，适应灾后素质教育的需要。

一、及时复学复课，恢复教学秩序

及时复学复课，能够让处于失衡状态的学生、教师等回归正常的生活秩序，迅速向社会传达秩序恢复的信息，以推动整个社会秩序的重建。

地震发生以后，党中央、国务院领导十分关注灾区中小学安全复课的问题，领导人先后多次作出批示，这成为灾区学校复课最有力的推动。四川省人民政府专门召开了会议，将全面复学复课作为重灾市（州）、县（市、区）政府首要而紧迫的政治任务，要求各地为复学复课创造必要的条件。2008 年 5 月 17 日，四川省教育厅在《关于切实做好灾后中小学安全复课工作的通知》（川教电〔2008〕45 号）文件中即对复学复课工作做出指导，指出在抢险救灾工作的关键时期，首先解决灾区师生的食品、饮水、住宿、疾病防治、心理安慰等基本生存问题，在确保安全有序的基础上，创造条件，积极稳妥地做好复课工作。四川省灾区主要采取了五种形式推进复课，一是社区安置性复课，二是本校调节性复课，三是异地异校复课，四是临时插班复课，五是对原有校舍进行鉴定后在原校复课。为了重构应急教育资源环境，调度物资与人力资源，以有效推进复学复课，教育部门着重抓好了以下四个方面的工作。

（一）安置教学场所

地震发生后，四川省教育战线在各级党委政府领导下，全力抗震救灾，在做好救人和安置受灾学生工作的同时，积极创造条件，安排安全复课。通过设置帐篷学校、搭建活动板房学校、异校和异地复课、调整放暑假时间等方式，重点安排了高三、初三和转移安置学生的复课。同时，科学合理使用经过安全鉴定完全可以正常使用的校舍，解决了大部分学生复课问题。① 灾区加强与对口支援省的协作配合，加快活动板房和教育设施设备的建设，优先满足复课需要。同时，加强复课学校的安全防范工作，对学校房屋校舍进行严格鉴定，加强对使用中的教学用房、学生宿舍、校内教师住房、办公用房等的严密监控，以便及时发现安全隐患，确保使用绝对安全，同时还建立了安全应急制度。

2008 年 6 月 29 日，绵阳安县花荄小学学生在垮塌校舍旁的空地上复课

① 《四川省教育厅关于扎实做好安全复课和提前开学、秋季开学工作的通知》，川教〔2008〕159 号文件.

2008 年 7 月 10 日，绵阳安县花荄小学学生在帐篷学校复课

2008 年 5 月，汉源二中工棚教室复学

四川地震灾区最大的帐篷学校①

绵阳市九洲体育馆安置了来自北川、安县等地近三万灾民。绵阳市教育局于5月17日晚上接到澳门同胞捐赠的价值70余万元人民币的教学帐篷，于当天深夜就开始安装，18日筹备，5月19日四川地震灾区最大的帐篷学校——绵阳灾区九洲帐篷学校正式开班，2485名学生重返课堂。帐篷学校面积7007平方米，分为小学部和初中部，由绵阳市教育局派负责人亲自担任绵阳灾区九洲帐篷学校校长。学生分组轮流教学，每轮600人，各年级学生每天接受一个小时教育。教学的内容包括德育、心理卫生、生理卫生、科普知识。学校师资包括本地教师、灾民志愿者及其他社会各界的志愿者。

（二）调配基本教学物资

政府及时安排和统筹受灾学生、教师的生活和学习用品，所需经费在各级教育救灾资金中安排。为落实中央财政救灾专项资金，财政部、教育部联合下发了《关于下达汶川地震灾区中小学校舍维修加固和教学仪器设备重置专项补助资金的通知》，从中央财政“地震灾后恢复重建基金”中预拨23.2亿元，用于补助四川、甘肃、陕西三省51个极重灾县和重灾县的中小学校（包括义务教育阶段和高中教育阶段学校）维修加固校舍和教学仪器设备重置。各地多渠道、多形式解决复课

绵竹天河小学在利用捐赠的乐器上音乐课

① 数据来源：中国新闻网. 2008－5－21.

所需桌凳、黑板、学生用床等基本物资设备，为板房配备必要的防雷设施、防暑降温和抗冻设备。复课后所需春季教材，由新华文轩和四川出版集团免费提供①。

成都市彭州小鱼洞中心校于 2008 年 6 月 8 日在板房学校复课，孩子们领到了社会捐赠的新课本

（三）做好异地复学复课安置工作

四川省 51 个重灾县共有 19369 名中小学生在异地复学复课。其中在广东、上海、山西等 25 个省市复学复课 8081 人，在四川省自贡、泸州、凉山等 16 个市、州异地复学复课 11288 人。

“5·12”地震灾区组织转移省外就读学生情况汇总表

	组织转移省外就读学生人数及安置省份情况					
	小计	小学生人数	初中生人数	普高生人数	中职生人数	转移省外就读的学生所在省（自治区、直辖市）及人数
全　省	12593	1650	2500	1188	7255	
成都市	1758			13	1745	
其中：都江堰市	1203				1203	上海 1203 人
彭州市	555			13	542	福建省 542 人，辽宁沈阳 13 人

① 《四川省教育厅关于扎实做好安全复课和提前开学、秋季开学工作的通知》，川教〔2008〕159 号文件.

续表

	组织转移省外就读学生人数及安置省份情况					
	小计	小学生人数	初中生人数	普高生人数	中职生人数	转移省外就读的学生所在省（自治区、直辖市）及人数
德阳市：	2926	215	29	3	2679	
其中：什邡市	9		1	3	5	河北9人
绵竹市	2917	215	28		2674	江苏88人，北京3人，山西6人，河北86人，陕西10人，湖南7人，贵州40人，辽宁3人，中职18省2674人。
绵阳市	2131	603	47	75	1406	
其中：江油市	107				107	江苏常州8人，河南郑州15人，北京55人，福建南平29人
北川县	474	41	27		406	山东德州111人，济南100人，青岛100人，潍坊95人，日照68人
平武县	938			45	893	河北保定106人，石家庄395人，邯郸69人，涿州38人，廊坊54人，鹿泉56人，唐山45人，秦皇岛50人，张家口55人；浙江绍兴25人，江西九江45人
安　县	612	562	20	30		河北唐山202人，河南鲁山10人，辽宁沈阳30人，云南昆明370人
广元市	902	199	241	130	332	
青川县	849	199	241	130	279	宁夏130人，河北100人，广东151人，北京159人，广西30人，浙江279人
市直属	53				53	浙江53人
雅安市：	99				99	
其中：雨城区	30				30	江西南昌30人
汉源县	46				46	江西南昌46人
天全县	10				10	江西南昌10人
芦山县	7				7	江西南昌7人
荥经县	4				4	江西南昌4人

续表

	组织转移省外就读学生人数及安置省份情况					
	小计	小学生人数	初中生人数	普高生人数	中职生人数	转移省外就读的学生所在省（自治区、直辖市）及人数
宝兴县	2				2	江西南昌 2 人
阿坝州：	4777	633	2183	967	994	
其中：汶川县	2436		1873	563		广东 1443 人，山西 993 人
理　县	936	207	105	404	220	湖南 775 人，江苏 161 人
茂　县	780	408	200		172	吉林 200 人，山西 312 人，北京 83 人，山东 13 人，湖南 123 人，河北 49 人
松潘县	23	18	5			山东 19 人，北京 4 人
黑水县	236				236	吉林 236 人
小金县	366				366	江西 366 人

（备注：统计截止日期为 2008 年 11 月底。省外安置学生不含投亲靠友和随家长外出就读的学生。数据由四川省教育厅督导办提供。）

本着“不让一个学生因灾失学”的原则，由安置地对口支援单位给予了生活费补助；对跨市州整体异地复学复课的学生，四川省财政拨出专款给予了生活费补助；对在本市州复学复课的学生，由当地政府给予生活费补助。

漩口中学的高三学生在山西省长治市长安慈善学校上课

漩口中学的高三学生在山西省长治市长安慈善学校的寝室

阿坝州克枯小学　草坡小学到泸州复课

（四）加强师资保障

为保障地震灾区学校复学复课的师资，教育部实施了面向灾区学校中小学教师补充、培训的国家级项目。国家通过实施农村教师特岗计划，为四川等灾区县招聘特岗教师2064名，绝大多数特岗教师已于7月下旬走上灾区教学岗位。共为四川省灾区学校培训中小学骨干教师和心理康复教育骨干教师2000名。[①] 四川省

① 教育部2008年地震后第8次例行新闻发布会散发材料《地震灾区学校恢复重建教师保障工作有关情况》.

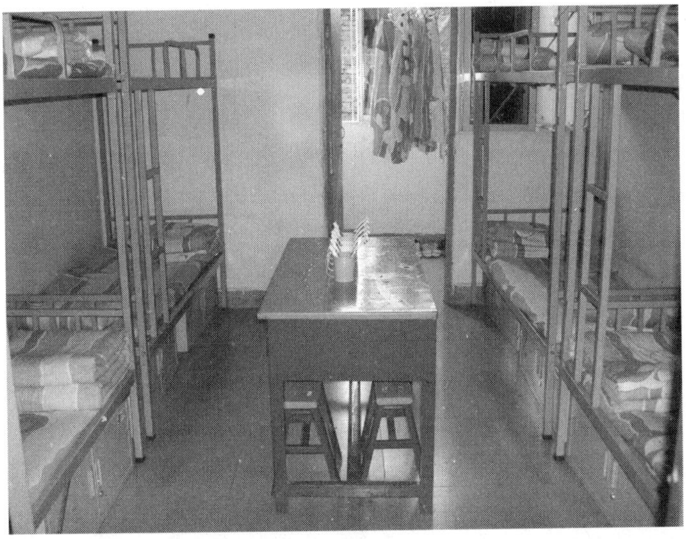

玉龙小学在达州复课时的学生宿舍

教育厅和各灾区通过支教和招聘等方式落实灾区教师3862人。

成都市银都小学教师赴都江堰团结小学支教工作报告（节选）

来到团结小学以后，我立即投入到教育教学和教研准备工作中。……

考虑到我的研究生专业是教育管理，同时又兼任成都市高新区小学英语教研员，所以团结小学特聘我为学校管理工作顾问。在搞好自己的教学工作的同时，我抽出大量的时间协助教研组长策划、开展各种形式的教研活动（如组织听评课、开展专题研讨、举行英语活动，等等）；还协助教导处、德育处和食管办等部门研究管理措施，解决突发事件，做好外联和外宣工作，等等。

我与团结小学英语组的老师们一起开展了大量的校本研修活动。我为团结小学教师举行了多次培训，比如为英语教师进行了英语课标解析培训、教学技能培训；为语言类教师（包括语文教师和英语教师）进行了语言与文化背景培训。为提升英语组的研究能力，促进英语组的规范化建设和教师的专业化发展，我多次为团结小学英语组教师上示范研究课、公开课。

为了更好地发挥我的专业引领作用，都江堰市教育局特聘我为英语特约教研员。2008—2009学年，我为都江堰全市英语骨干教师进行了两次专题培训。我为都江堰年轻英语教师上示范研究课、公开课两次。我与都江堰教研室的专家一道深入都江堰一些小学（如太平街小学、幸福小学、奎光小学、驾虹学校、崇义小学等）进行视导，进入课堂听课，与老师们座谈，了解老师们的教学问题，研究教研活动模式等。这些工作都受到了老师们的热烈欢迎。

在做好本职教学和教研工作的同时，我还积极充当银都小学和团结小学之间的纽带和桥梁。经过与两校领导和相关部门的联系沟通，最终促成两校于2008年11月3日开展了“课堂教学有效性研究”的联校教研活动。涂冰梅老师和马宏韬老师为团小教师送去了高质量的研究示范课。课后两校教师热烈探讨、热情互动。通过本次交流活动，两校建立了长期交流的平台和机制，增进了师生间的友谊。

教育部多次到灾区协调解决一些突出问题。灾区各级政府把确保9月1日全面复学复课纳入了重要议事日程，建立了相关的责任制，四川省委在《中国共产党四川省第九届委员会第五次会议关于扎实做好抗震救灾工作加快重建美好新家园的决议》中，把9月1日全面复课作为一项政治任务，向全省人民做出了承诺。

在党委政府领导和社会各界关心支持下，2008年9月1日，四川灾区学校全面恢复上课，51个重灾县5979所中小学校新生入学所需的校舍、教育教学设施设备等已安排就绪。灾区339.99万名学生（包括计划招收新生64.68万人）全部实现复学复课。其中，在未毁损校舍复学复课的学生有33%；在维修加固校舍复学复课的学生有38%；在板房复课和以其他方式复学复课的学生有28.4%；在异地复学复课的学生有0.6%①。

二、调整教学活动方式，保障教学质量

地震灾变对教育教学的诸多方面都造成深刻影响，在失衡的状态下，教育生态系统自有的组织形式与运作惯性急需要新的制度加以调整控制，适应新的物资资源环境，保障教育生态系统的秩序恢复与功能发挥。因此，教学重建，不仅需要物资与人力资源的补给，还是一系列制度方法的创新工程。教学重建工作坚持立足基层学校，依托各级教育主管部门和各级教研机构，以学校为基地，以教研人员为骨干，以灾区各级各类学校教师为主体，以课堂教学为主渠道，调整教学活动方式，提高教学质量，科学有序地推进教学重建。调整教学活动方式包括调整教学评价方式、教学计划和作息管理方式、学科课堂教学手段等。

① 2008年8月31日四川省政府新闻发布会

（一）调整考试安排

汶川特大地震灾害发生后，由于部分地区灾情严重，影响到2008年四川省普通高中高考、毕业会考和中考正常进行。四川省教育厅为维护考生利益，迅速决策，及时调整考试时间、内容及方式。

1. 高三优先复课，确保平安高考

四川省教育厅专门对高三复课工作做出指示[①]，责成各重灾区市（州）教育行政部门把高三学生复课作为复课工作重中之重，由所在市（州）、县教育行政部门统筹安排，争取当地救灾指挥部的支持，为高三学生复课创造条件，对各方面救灾援助物资资源，优先满足高三学生复课需要。针对目前受灾学生的特殊情况，学校要开展心理援助，帮助受灾学生尽快恢复心理创伤，重树生活信心，确保正常学习生活，顺利参考。

为确保考生安全，维护考生利益，经四川省政府慎重研究并报教育部同意，决定对四川省2008年普通高考进行适当调整。[②] 为了确保四川省2008年普通高考顺利进行，圆满完成“平安高考”的目标任务，根据四川省人民政府《关于我省2008年普通高考的通告》精神，决定成都市、德阳市、绵阳市、广元市、雅安市、阿坝州等6个重灾区中受灾严重的40个县（市、区）延期举行2008年普通高考；因地震灾害受损严重，普通高考听力设备受到严重损毁，短期内无法恢复，即使加紧修复，由于余震未断，也难以确保四川省普通高考外语科听力考试顺利进行，决定取消四川省2008年普通高考外语科听力考试。《通告》中还指出，各级教育部门要采取有效措施，切实做好高考备考工作和考试组织管理工作，确保考点及考生的绝对安全，确保高考试卷和答卷的绝对安全。要组织力量为重灾区考生无偿提供复习和生活条件，保证考生顺利参加高考。要做好考生心理调适辅导，帮助他们增强战胜灾害的勇气和信心。

抗震棚中迎高考[③]

2008年的高考，对于重灾区的汉源二中师生来说，是一次终生难忘的高考。

走进学校，一排排用玻千瓦、钢管和竹篱笆搭成的防震棚占据了学校整个操场，这就是2008年的二中考点。

---

① 四川省教育厅关于高三复课工作的通知．川教函〔2008〕261号．

② 四川省教育厅关于认真做好我省2008年普通高考工作的紧急通知．川教〔2008〕141号．

③ 灾后教育重建征文 四川省汉源县第二中学何军庭撰稿，江清源审稿．

为了防雷防雨，新建棚区安装了 12 处避雷设施，每间教室的两角有最新添置的消防设备和防雨设施。

延考期，正当酷热时节，防震棚内如蒸笼。为了降温降暑，让考生能够舒心考试，学校在每间防震棚顶上增加了隔热网，教室横梁上挂了两顶吊扇，考场的四角额外安置了四把低噪台扇，还在考室前后各放置了一块大冰砖，并坚持每天室内两次洒水。考生进考室前，有人专门发放降温解暑饮料；考室门口还放有供考生洗脸擦汗的一盆水和毛巾。

进入考场，考生们正在紧张有序地答题，他们脸上洋溢的是自信与舒心；监考老师用微笑告诉考生："别紧张，我们将为你竭诚服务。"

室外监考、医务人员、急救车、消防车随时待命。紧急疏散标志和各种温馨提示应有尽有。有一幅标语格外醒目："师生同心，共渡难关，奋力拼搏，全面夺优"，让人在不经意间心生温暖和信心。

汉源二中最终实现了大灾之年的平安高考。

中国 12 万名地震灾区学生坦然应对"人生大考"

备受关注的 12 万地震灾区考生于 7 月 3 日顺利步入高考考场，考试时间是 7 月 3 日、4 日、5 日。其中，大约有 78% 的考生在本地活动板房参加考试，15% 的考生在本地经过抗震鉴定合格的教室里参加考试，极少部分考生到异地参加考试。

北川中学板房校区的高考考场

2. 调整高中毕业会考、中考

针对灾区学校实际情况，四川省教育厅及时对高中毕业会考和中考作出了调整，要求各级教育行政部门要高度重视高中毕业会考、中考及高中阶段录取工作，加强领导，周密安排，采取有力措施，精心组织，确保高中毕业会考、中考、高中阶段录取的顺利进行，确保考生安全，切实维护考生利益。[①]

凡四川省延期举行2008年普通高考的县（市、区）所属学校的在校高一、高二学生免予参加2008年全省普通高中毕业会考。高中毕业会考免考后，高一、高二学生毕业会考科目会考成绩（等级）由学校根据学生期中考试成绩、平时学习情况等综合确定，并报市、州教育行政部门最终核定。其他地区学生参加全省高中毕业会考时间、科目、组织方式等不变。

全省中考工作由各市、州教育行政部门负责统一组织进行。灾情严重地区中考办法（包括是否免考，以及免考的办法，中考的时间，高中阶段录取办法等）由各市、州教育行政部门提出方案，报请当地人民政府批准后执行。

（二）调整年度教学计划和教学管理方式

2008年6月3日，四川省教育厅印发《灾区复课学校教育教学工作指导意见》和《灾区集中安置复课学校暑期活动指导意见》，指导复学复课及暑期学生安置工作。要求教学工作要坚持“以人为本、因地制宜、分类指导、逐步恢复”的指导思想，努力使灾区学生步入到正常的学习生活中，恢复身心健康，提高学业水平和综合素质。

1. 应急教育教学安排

灾区复课学校的学科教学与灾前充分衔接，以本学期尚未完成的教学内容为重点；实验教学、信息技术教育、音乐、美术、体育教学内容等根据条件进行调整，灵活处理；针对灾区学生的特殊需求，特别加强了心理健康教育、安全教育、卫生防疫教育、自救防护教育、励志教育等；适当开展社会实践、社区服务等活动。向灾区复课学校放权，因地制宜，根据实际情况制定临时性课表，有条不紊地开展教育教学工作。应急阶段，根据灾区复课学校现有师资、学生、场地和设施设备状况，采用教师适时点拨和学生自主学习相结合等多种启发式教学方式进行，力求基本完成本学期各学科主要教学任务。小学、初中、高中根据不同学段学生的认知特点采用不同的方法进行教学。根据场地设备等条件，适当开展文化、艺体活动。

---

① 四川省教育厅关于我省2008年普通高中毕业会考、中考工作有关问题的通知. 川教函〔2008〕260号.

安县桑枣中学学生在爱心书屋里阅读震后心理健康教育手册

贡退休职工为来自汶川的复课学生捐赠腰鼓，并义务教学生打腰鼓

2. 暑期学生活动安排

组织暑期学生活动，有助于维护社会秩序，减轻家庭负担，让成年人有更多精力投入救灾工作。活动安排坚持以人为本；坚持知识学习与实践活动相结合原则；坚持校内资源和校外资源相结合原则，坚持安全、有序原则，避免各种次生灾害和危险危害，确保师生生命安全。活动形式和内容包括了夏令营、心理援助活动、社会实践活动、关爱活动、文化、艺体活动等，激发灾区学生的生活激情，

使他们重拾快乐，重建积极、乐观、向上的生活态度和精神面貌。各级教育部门和教研机构则加强组织指导，充分利用社会资源，积极落实活动场地；暑期活动要确保安全，经费由各地积极争取救灾专项资金和社会援助等多种渠道筹措。

大学生志愿者在暑期组织映秀小学的孩子复课

应急期间复学复课的具体形式和真正意义在于：应急复课，恢复的只是教学的基本组织形式，并不要求恢复常态的教学内容（毕业班除外），这是基于师生生存状况与阶段性需求的实际，基于物资资源环境，教学重建不可逾越的阶段。教学基本组织形式的恢复即传达着教学秩序的恢复，有助于学生个体生活秩序的恢

2008 年 6 月 8 日，成都市彭州小鱼洞镇中心校开学典礼当天，许多村民也来到新建成的板房学校参加典礼

复，并经由每个家庭，向社会传达秩序恢复的信息与信心，同时家长才有更多的时间和精力投入到灾后重建自救的工作，重新开始立足现实，面向未来的生活。复学复课是社会稳定的需要。复学复课工作的推进也离不开社会支持系统对教育系统人力资源的补给。

3. 板房学校教学管理

在板房过渡期间，积极争取各级财政安排板房学校设备设施专项资金；争取援建省市和社会各界的支持；整合区域学校资源，利用教育系统现有设备设施支援板房学校。调剂使用区域内专业教师，尽力补充板房学校专业教师需求，加强对板房学校现有教师的专业培训。板房阶段，合理安排教学时间，各地根据季节气候变化情况，从学生安全、健康的需要出发，在时间安排上采用集中上课或分散上课的方式，实行长课时（40 分钟）与短课时（20 分钟）相结合的方式，灵活调整暑假、寒假以及周末放假的安排。

绵竹板房学校实行分批放学、错峰放学、定点接送①

板房过渡时期，由于学生居住地远离学校，上学、放学时，特别是放学时家长接送异常集中。这一时段，交通必然拥挤。针对这一情况，我市学校一般采用了分批放学、错峰放学、定点接送的办法，基本缓解了校门口交通拥挤的局面，基本保证了学校附近的交通安全。这方面天河小学做出了有益的尝试，学校用大型标牌规定各年级家长接送孩子的地点，实行定点接送，学生放学时由班主任和值周教师将学生护送到接送地点，按照年级不同分批放学，在时间安排上尽量与其他学校错开，实施错峰放学，这些做法基本解决了放学时学校附近交通混乱的场面。

（三）积极探索新的教学资源环境中的课堂教学方式

灾变后学生应急安置，出现很多新情况，例如合班合校，多年级混编班级的复式教学、异地复学学生教材和教学进度差异、伤残学生随班就读等情况。板房时期，校舍、场地及设施设备难以满足常规教学的需求。进入永久性校舍，有部分学校存在着教学配套设施设备不足的问题；或鉴于师资和经费问题，设备的利用率不足。

针对上述问题，各地纷纷加强有限资源环境和板房空间中的教学活动的研究，对受条件限制的学科，结合实际探索有效教育教学方式，鼓励教师教学创新，自

---

① 关于板房环境下教育教学情况的调研报告．绵竹市教师培训中心胡克明，罗大文．

都江堰市蒲阳小学学生在板房区有限的场地上上体育课，学习徒手操

制教具，改进教学方式，以适应灾区教学的特殊时期和特殊环境。着重调整对场地有所要求的音乐课、体育课的教学内容和教学方式，鉴于信息技术、物理、生物、化学、科学等学科对设施设备有所依赖，通过安排演示实验，或利用光盘进行教学。积极探索远程教育资源的利用，研究网络课程的教学方式，包括网络课程的课堂管理、任务型自学模式的应用、学习效率测评等，丰富学生的课程资源，培养学生自学能力，在新的教学环境中实施素质教育。开展综合实践活动，将研究性学习、社区服务与社会实践以及劳动与技术教育等综合实践活动的内容统整在地方课程和学校课程中学习。

板房过渡时期，阿坝州漩口中学在板房中利用捐赠的多媒体设备上课

绵竹汉旺中学化学课分组实验

灾后教学重建子课题组于 2009 年 2 月赴都江堰、绵竹等地开展板房教学现状调研，其访谈笔录的部分内容即从微观的视角反映出板房教学的面貌。

关于学科教学面临的困难和应对方式

学科＼学校	都江堰北街小学	都江堰市团结小学	都江堰市实验外国语学校
科学	没有实验器材，缺乏演示用器材，学生在教室里分组，材料由学生从家里准备替代品。自制教具，但效果比不上专业实验器材，无挂图、无演示用光盘，学生回家查阅资料，带来学校共享。	科学课强调演示实验。	化学教师访谈：分组实验无法进行，演示实验能在初中完成 60%，高中完成 40%。无实验，学生缺乏学习兴趣，高中实验涉及有毒气体，板房中不敢进行。
体育	没有专门场地，教学内容主要是室内徒手操，大路上活动以队形队列训练，开展室外小游戏。小型活动器材有，但不能上课时使用，会影响周围教室上课。教师发明顶牛、两人拔河、排山倒海，创造性使用短绳。活动必须在有序地组织下开展。提倡学生回家四个一活动：一分钟跳绳、一分钟仰卧起坐、一分钟立卧撑、一分钟眼保健操，加强课外指导。	体育课增加徒手操，增加桌面活动器材，因地制宜，整理小操场。	学生震后变麻木呆滞，开展游戏活动，寻找乐趣，帮助学生驱走地震影响。加强形体、柔韧和力量的锻炼。利用中午时间开展运动竞赛。教师创编课堂游戏。

续表

学校 学科	都江堰北街小学	都江堰市团结小学	都江堰市实验外国语学校
信息技术	上理论课，学生60%家庭有电脑，要求学生回家操作。学生的寒假作业有制作电子画报，学生可以借用亲戚家电脑或在网吧、专业店完成。	操作课调整，教学内容延迟到2009年9月。	有两个微机室，每室三十多台机器，学生一个班分两个教室上机。教学很难达到机考要求。不上机，讲理论，师生都感觉痛苦。

为保障教学质量，教师们不仅在教学技巧上进行了调整和改进，更在教学活动管理方面探索出新的措施和方法。例如，都江堰市实验外国语学校教师反映，震后取消了学校早晚自习，学生课时减少，教学内容不减，使教学进度受阻。学生学习习惯受影响；以前家庭作业由教师指导完成，现在回家完成，加之学习资料匮乏，很难保证质量。针对这些问题，教师加强了与家长的沟通，协助对学生课外学习实施监督管理，同时，教师主动提前上班，利用课间和午休时间到班辅导。

各地教育部门在震后正着力加强了教学经验交流、教学研究及教学成果推广。2009年4月，灾后教学重建经验研讨会在德阳召开。教育主管部门和教研部门共同组织研训和交流活动，通过各级教研活动、网络，创建教学资源共享平台，分享典型经验和研究成果，推进教学重建工作的展开。同时，坚持以学生发展为本，以课堂为中心，加强有效教学的研究，提高教学的实效性，总结推广教师个体的有效教学经验。

2009年4月，“四川省灾后教学重建现场研讨会”在德阳召开

三、重建地方课程，深化课程改革

地震灾变对教育的影响引导着教育者和研究者进一步反思教育的现状。四川省教育厅颁布的《关于灾区板房学校教育教学工作和校园文化建设的意见》中指出，根据灾区复课学校现有师资、场地和设施设备状况，尽可能开齐义务教育阶段和高中阶段国家课程；积极开设以心理健康教育、安全教育、卫生防疫教育、自救防护教育、励志教育为重点的校本课程；具备条件的学校，应按四川省的要求开设地方课程。所有学校都应加强心理健康教育和生命与安全教育，保证必要教学时间，提高学生的心理健康水平、安全意识和应对各种突发事件的生存技能。

为了适应四川省中小学全面实施素质教育和“5 · 12”汶川特大地震灾后教育重建的需要，2009 年四川省教育厅重新颁布了《四川省义务教育阶段地方课程实施方案（修订)》（川教〔2009〕81 号)，制定了《生活 · 生命与安全》《家庭 · 社会与法制》《可爱的四川》三门地方课程指导纲要，重新编写了地方课程教材，为进一步巩固四川省义务教育课程改革成果奠定了良好基础。

重建的地方课程以学生发展为本，关注学生的生命与安全，关注学生全面素质的提升，关注四川历史文化的传承和社会经济发展，将生命教育、安全教育、心理健康教育、国防教育、民族团结教育、环境教育、乡土文化教育、四川的经济社会发展教育、健康教育、禁毒教育、防灾减灾教育、劳动技术教育、综合实践活动及社区服务等有机整合，不仅从课程内容上体现了国家对学生素质的全面要求，而且在内容呈现方式上更加贴近学生生活，通过形式多样的活动让学生学习、体验、讨论、交流、实践、创造，其有效实施必将增进学生对家乡的热爱，传承四川文化，加强民族团结，提高学生的综合能力，形成健康的心理和良好的生活方式，对于深化四川省基础教育课程改革，全面推进素质教育，促进四川省经济社会发展，具有非常重要的作用。

为推动四川省义务教育地方课程有效实施，四川省教育厅要求各地加强地方课程教师配置和教师队伍建设，加大地方课程实施的经费、设备设施投入。

根据灾后教学重建工作的总体部署，四川省教育厅为平稳推进高中课改，科学调整课程进程时间表，原定于2009年开始实施的高中课程改革延期至2010年9月。借着灾后重建的契机，加强对灾区普通高中的重建规划、设施设备更新及教师培训，精心准备，严密部署，为高中课改做好前期工作。

四川省各级党委、政府认真贯彻中央部署，坚持以科学发展观统领灾后重建，始终把教育放在优先重建的战略地位，全力以赴，为失衡的教学生态系统注入新的能量与资源，为教学重建创造条件，以推进教学生态系统的功能恢复与发展。灾后教学重建始终坚持“以人为本、因地制宜、分类指导、逐步恢复”的指导思想，从教学生态系统内部环境的三个层面促进教学的恢复与发展。

第一是积极重建教学物资资源环境，第一时间保障人员安置和教学场所安置，多种渠道补给教学设施设备，统筹对口援建力量、民间捐赠，同时倡导自力更生，互帮互助，平衡物资供给，保障复学复课和教学活动有效开展。

第二是积极重建教学生态系统的社会制度环境，以维护教学秩序，保障教学质量。在灾后重建的各个阶段，各级教育主管部门因地制宜，放权基层，鼓励学校根据实际气候条件、社区环境和师生及家长的需求，调整教育教学计划、教学内容、教学进度，创新教学活动方式，有效开展教学工作。

第三是以重建为契机，加强地方课程建设，重构教学的文化价值环境，让教学更加契合于学生终身发展的需要。结合师生在地震中的实际经历，突出心理健康教育、生命教育、安全教育和感恩教育，深化课程改革，拓展课程资源，倡导积极的人生观和价值观。

第六章　灾后师生心理重建

"5·12"汶川特大地震给灾区师生造成了强烈而持久的心灵创伤。为及时缓解灾区人民因灾难造成的恐慌、悲伤、抑郁和焦虑等情绪，震后仅仅几天，中国灾难救援史上第一次最大规模的心理救援行动迅速在灾区展开。但是，随着心理救援志愿者井喷式地涌入灾区，援助中的无序性、临时性、随意性等问题也随之显现。如何科学、有序、持续地开展心理援助严峻地摆在了灾区教育行政部门的面前。对此，四川省教育厅按照省委、省政府的部署，率先启动并扎实做好教育系统的"心理救助工程"。在应急阶段，强调统筹协调，突出心理援助的及时、有序、规范和高效；在恢复重建阶段，强调专业队伍和长效机制，突出三大体系建设，分阶段、分人群、有重点地推进灾后师生心理重建，取得了积极的效果，使师生逐步摆脱了地震带来的心理阴影，增强了面对灾难和挫折的心理复原力，形成了积极、乐观、向上的精神面貌。震后至今，特别是敏感时点，灾区教育系统未发生一例重大恶性心理事故，更未出现专家们担忧的"自杀潮"，创造了心理援助史上的一大奇迹！

一、多元主体协同参与，及时实施灾后师生紧急心理救助

党和政府非常重视灾区群众的心理重建。胡锦涛总书记和温家宝总理等党和国家领导人在第一时间亲赴灾区一线，指挥抗震救灾和看望慰问灾区群众。他们是地震之初"最好的心理医生"，发挥了"最好的心理援助"作用。2008 年 5 月 26 日，中共中央政治局召开会议研究部署抗震救灾和灾后重建工作时，专门指出要"深入做好受灾群众心理安抚和思想疏导工作"。

教育部和四川省教育厅坚决贯彻落实党和国家领导同志关于心理援助工作的指示，坚持心理救灾与物质救灾相结合。在地震后第二天、第三天，就分别发文要求各地"采取各种措施帮助他们（指灾区师生），使他们感受到党和政府的关怀、社会和学校的温暖，增强他们克服困难的信心和决心"，学校要"加强对学生的心理疏导，在一段时期内每周针对地震等灾害进行一至二次心理辅导，消除学

生的紧张情绪”。[①] 同时，及时做出了启动社会动员机制，加强统筹协调，确保心理援助有序开展的决定[②]。一是依托专业机构，广泛动员多方力量参与应急期的师生心理抚慰；二是针对“井喷”般涌向灾区的各种社会心理援助力量进行统筹协调，加强指导；三是针对极重灾区师生开展康复性培训和心理疗养。

生命履带凝聚的教师团队——广元市教师心理辅导活动

（一）依托专业机构，组建专业队伍

灾后不久，教育部就委托中小学心理健康教育专家指导委员会和学校公共卫生专家指导委员会，成立了“中小学灾区心理援助专家工作组”，专门负责灾区师生心理援助工作。工作组紧急组织专家编写了中小学生灾后心理自助手册《我们一起度过——献给地震灾后的孩子们》和供地震灾区教师使用的学生灾后心理康复指导用书《如何帮助我们的孩子——震区中小学生心理援助教师手册》，迅速送往灾区师生手中。此后，还制订了《地震灾区中小学心理辅导与心理健康教育指导纲要》，用以指导各级教育行政部门和中小学生开展心理援助工作。

2008 年 5 月 21 日，四川省教育厅紧急发文要求“及时组织一批心理援助工作队伍深入灾区进行有序的心理辅导工作”[③]，满足灾区师生不同层次、不同人群的心理援助需求。

一是在第一时间组织省内专业机构的专业人员，如四川省教育科学研究所、

---

① 教育部. 关于全力做好抗震救灾工作的紧急通知（教电〔2008〕226 号）. 四川省教育厅. 关于加强学校抗震救灾防病救助工作的紧急通知（川教电〔2008〕39 号）.

② 中共四川省教育厅党组. 全省教育系统抗震救灾安置阶段的总体工作安排意见. 川教党〔2008〕15 号.

③ 四川省教育厅关于作好受灾学校灾后学生心理援助工作的通知. 川教函〔2008〕254 号.

四川省心理学专业委员会及相关大学心理健康教育中心等机构的专业人员，奔赴灾区了解心理灾情，参与心理抚慰。同时还组织编写了《地震灾后心理援助知识特辑》、《地震灾区中小学生心理援助特刊》等资料，免费向灾区中小学发放，使广大师生及时获得了科学的灾后心理援助和自助知识。成都、德阳等重灾市（州）也紧急编印了大量心理援助资料送往灾区学校。

特殊的“心理援助者”

2008年5月15日，成都市教育局、成都市教科所和成都市中小学心理健康教育指导委员会紧急编印30万份《我们和你在一起——5·12抗震救灾心理援助手册》送达灾区，成为特殊的“心理援助者”。

该手册是一本给灾区中小学生提供心理自助知识和方法的心理援助手册，内容包括：1. 了解灾难后的身心反应和情绪感受，如害怕、悲伤、无助、甚至愤怒、内疚，等等，帮助他们接受这些反应和感受，并告诉自己这是正常和暂时的，是每一个人都会有的；2. 教给一些宣泄和处理悲伤情绪的方法，如“不要隐藏你的感受，试着把情绪说出来，让身边的人一起分担你的痛苦”，“不要勉强自己去遗忘，伤痛会停留一段时间，悲伤需要慢慢地平复”，“请不要孤立自己，要多和亲朋以及帮助你的人在一起，获得相互的支持”，“好好照顾自己，就是对亲人的最好回报”，等等；3. 指导他们在学会自助的同时，也尽一份力量去帮助同样需要帮助的人们（这本身也是一种转移负面情绪的方法）；4. 给出一些恢复身心状态的方法，如“近期少给自己安排事情，一次做好一件即可”，“平时学习和生活要特别留心，避免在重大压力下出现意外”，等等；5. 避震小知识，如何利用震时关键的12秒自救；6. 传达给那些经历了灾难的孩子一个温暖而积极的信念——所有的人都正在以各种各样的行动帮助着他们，在他们的现在以及将来都会给以一份最坚实的力量和支持，让所有的孩子相信——“我们和你在一起”！

二是从各院校抽出专业心理卫生工作人员和研究人员，要求具备从业资质，有一定的心理辅导和心理咨询经验，能科学地运用专业的方法和技能开展心理辅导工作。各市（州）也纷纷组建本地的心理卫生专业人员，在当地开展心理援助工作。比如，德阳市教育局联合共青团德阳市委、德阳市关心下一代工作委员会、德阳市医院及精神卫生中心，以电话联络的方式把德阳本地的心理救助力量组织起来，成立了德阳市震后心理救助团队。成员包括德阳各级学校的专兼职心理教师、德阳市人民医院精神卫生中心的心理医生、社会心理咨询机构的心理咨询师以及心理工作志愿者。他们成为了当地师生心理抚慰的主力军。

安县花荄板房学校建立的"12355 心理驿站"

三是从各高校心理学专业的学生中组织高年级志愿者参加心理援助队伍，协助做一些共同性问题的团体辅导工作。四川大学、西南交通大学、西南民族大学、四川师范大学、西华师范大学、川北医学院等四川省内高校心理学专业的学生踊跃报名，积极参加对灾区师生的心理援助工作。这些学生成为了灾区师生心理援助的重要补充力量。

四是选派四川省非灾区的心理辅导专业教师支援灾区复课。《四川省教育厅关于做好灾区学校支教和教师队伍建设有关工作的通知》要求：没有受地震灾害影响或影响不大的地区和学校，要按照"一切为了灾区，全力支援灾区"的要求，积极主动研究制定支援灾区学校方案，尽早尽快投入到支援灾区学校的行动中去。特别是要提前做好思想政治工作，选派优秀教师到灾区学校支教，对上级安排的支教任务，要千方百计、不折不扣地完成。根据《四川省地震灾区复课师资保障工作方案》，四川省教育厅首期即从全省非灾区动员储备了 65 名心理辅导专业教师。成都市通过成都教育信息网发布招募志愿者信息，向中小学和全社会共招募了 500 多名有心理资质、经验丰富的志愿者，组成了多个专业团队，开展不同层次的心理援助行动。

五是通过广播、电视、网络等媒体，迅速将灾区师生心理状况及需求信息传递给社会大众，动员全社会的专业人士有序地奔赴灾区开展心理抚慰工作。以成都为例，截至 2008 年 6 月 24 日，共派出专业心理辅导人员 110 人次，赶赴灾区 73 所学校，对 14.86 万名学生、1200 名教师开展灾后师生心理辅导和防震知识教育活动。

（二）统筹社会力量，加强协调指导

面对巨灾，及时启动社会动员机制，形成多元主体协同参与的集体行动体系，是战胜巨灾的重要保障。所谓社会动员，是指政府（或社会组织等）通过各种形式的高强度宣传、发动和组织，促使全社会成员形成共同的观念与情感，获得他们的认同和支持，并调动社会组织的潜力和挖掘全社会的资源，从而实现特定目标、任务的行为过程。作为一种社会管理方法，社会动员是有效控制和应对自然

灾害的方式之一，它可以在短时间内动员起社会各方面的资源与力量，形成灾害救助的巨大社会合力①。

德阳市灾后心理援助电台通告

灾区各学校：

重大灾害心理干预是灾害后国家规定和温家宝总理要求必须开展的援助项目。来自北京的灾害心理干预专家及德阳本地专业志愿者已分组到位开展工作。近期，专家将分组赴各灾区开展心理援助。请需要进行心理援助的学校以集体为单位与德阳市教育局和德阳市关心下一代工作委员会联系，以便统筹安排。

联系人：唐老师

德阳市教育局
德阳市关心下一代工作委员会
德阳市精神卫生中心
2008 年 5 月 18 日

志愿者在德阳灾区开展心理援助

在政府动员和各种媒体传出的灾区心理需求信息的引导下，社会各界表现积极、热情高涨。教育、卫生等政府机构，中国儿童基金会、中华慈善总会等非政府组织，中科院心理学所、北京师范大学、中国心理学会等学术组织和科研院所，联合国儿童基金会、国际华人医学家心理学家联合会等国际组织，以及自发的志愿者等都积极参与到心理救援当中（见表 1），形成了中国历史上规模最大的一次心理援助行动，及时缓解了师生因灾难造成的恐慌、悲伤、抑郁和焦虑等情绪。比如，华东师范大学组建了由 12 名心理系心理咨询专业教师、研究生组成的心理援助队，深入德阳市，对受灾群众进行面对面的心理辅导，并开展以安置点和医院一线心理辅导工作者、志愿者、记者以及乡镇干部为对象

① 张义烈. 灾害救助需创新社会动员机制 [J]. 中国社会导刊，2008，(3).

的心理培训。西南大学心理救助队与绵阳市安置的北川等地受灾小学生结对，以心理健康课的形式为300多名学生长期开展心理援助和心理健康教育，并计划连续5年跟踪服务受助学生，将灾区心理援助工作制度化、长期化。西南民族大学从800余名积极报名的大学生中选拔了20名志愿者，组建了心理调适小分队，在心理健康教育任课教师带领下赴什邡开展心理调适工作。成都中医药大学医学、心理学等相关专业师生组成志愿服务队，由学校领导带队，深入平武县平通镇开展心理援助，走遍了平通镇所有安置点安抚受灾群众，并对20多位心理创伤较为严重的灾民进行了一对一的心理调适①。

表1　灾后应急阶段心理援助力量的主要来源②

机构类型	代表性机构/个人
政府组织	教育部、卫生部、民政部、团中央、妇联等
非政府组织	中国红十字会、残联、中国儿童基金会、中华慈善总会等
学术组织	中国心理学会、中国心理卫生协会、中国教育学会、中国医师协会等
科研院所	中国科学院心理研究所、北京大学、北京师范大学、西南大学、华南师大等
国际组织	联合国儿童基金会、国际救灾机构、日本心理临床学会、国际华人医学家心理学家联合会等
民间机构	中国心理网、华夏心理网、健康863网等
无组织	志愿者、自发者等

但是，随着社会心理援助志愿者的不断涌入，一些事先没有充分估计到的问题和困难也随之显现。比如，志愿者的专业素养问题，志愿者流向无序的问题，有的学生接受了若干次心理治疗，反复被揭伤疤，而一些偏远灾区学校师生却又得不到帮助的问题，等等。

为了保障心理援助科学、有序地开展，四川省教育厅及时采取措施，对前往灾区进行心理援助的单位和人员进行统一准入资质、统一进入程序、统一工作要求，严格规范心理援助行为③。这些措施包括：

1. 强调心理援助是一项专业性很强的工作，到灾区从事心理援助的人员必须具有相应的从业资质。

2. 到灾区学校进行心理援助（包括心理调适、心理辅导、心理咨询、心理干预、心理疏导等）的组织和个人必须与受灾地区教育局或高校取得联系，在当地

① 各地各高校积极组织专业力量开展灾后心理援助. 教育简报（第535期）. 2008－6－23.

② 张侃. 灾难后的心理援助和医疗救援［J］.

③ 四川省教育厅关于作好受灾学校灾后学生心理援助工作的通知. 川教函〔2008〕254号.

教育局统筹协调下开展工作。同时，心理援助组织或志愿者需向受援教育局或学校递交援助报告，包括援助内容、援助时间、援助方法、效果评估，备案后由教育局统一安排，结束时由教育局检查、评估，出具结论。

3. 原则上一个心理援助队伍定点援助一个县或一所学校，在一个点的工作时间宜在 7－15 天，鼓励建立中长期工作目标，以保证援助效果。

4. 学校有权拒绝未经当地教育行政部门批准的心理援助组织、志愿者和新闻媒体进入学校对师生进行访谈、采访、心理咨询等活动，学校安排同一个学生接受访问、采访次数不宜重复，避免对受灾学生造成多次心理伤害。

5. 为确保心理援助质量，首先安排国内心理专家进行心理援助，在人手不够的情况下，经批准再联系安排国外专业人员进入学校从事心理援助。

各受灾市州严格按照以上要求，紧密结合本地实际，统筹协调心理援助社会力量，探索出了一些很好的经验做法。如绵阳市教育局与中国科学院心理研究所、中国心理学会等合作建立了心理援助“绵阳工作站”。“绵阳工作站”充分发挥了统筹协调作用，结束了援助的无序状态，提升了工作效率，得到了受援学校的高度认可。同时，他们还有计划、持续地开展各灾区安置点群众、学生的心理抚慰工作，得到了灾区群众的广泛好评。又如，绵竹市在中科院心理所、“壹基金”的帮助下，建立了灾后首家县级“心理服务中心”。中心聘请中科院心理所心理专家做总督导，聘任了 6 位具有心理学硕士学位和国家二级心理咨询师资格的心理专业人员，面向全市学校和部分社区人员开展心理咨询服务，受到灾区师生的普遍欢迎。

（三）启动教师康复培训计划

为帮助灾区中小学教师提高心理康复和心理健康教育能力，四川省教育厅先后在 2008 年、2009 年组织实施了“教育部支援四川地震灾区中小学教师专项培训计划”、“四川省地震灾区中小学教师心理健康教育培训计划”和“四川地震灾区中小学教师心理康复教育培训计划”等，对重灾区重灾学校心理创伤严重的教师集中进行心理康复培训，并优先安排有亲人遇难的教师参加。通过人文素养专题讲座、互动文娱体育活动、参观考察等培训活动形式，灾区教师既学到了地震后心理康复专业知识和科学的心理调适方法，又提高了人文社科与艺术修养。同时，通过积极创设良好的心理氛围，还能帮助教师修复遭受的心理创伤，调整和放松精神状态，重建心理和谐，使灾区教师能够以良好的身心状态迎接教育教学工作和进入新的生活。

成都市灾区中小学心理教师正在进行团体心理训练

（四）组织灾区师生出省、出国疗养

一是积极争取、配合相关部门，分期分批把灾区师生送到俄罗斯、匈牙利、保加利亚等国进行心理康复性疗养。比如，根据中俄两国元首2008年5月达成的共识，2008年到2009年，共组织1570名地震灾区学生赴俄疗养。按照教育部、外交部的安排，2008年8月，又有近100名地震灾区中小学生赴匈牙利、保加利亚疗养。通过疗养活动，使灾区中小学生身体健康得到很大恢复，心理状况得到显著改善，行为习惯得到明显规范，极大地开阔了学生视野，学生感恩情怀得到新的升华。同时，也展示了灾区学生的才艺素质和良好的精神风貌。四川崇州怀远镇中学初一学生任倩在日记中写道，"辅导员无微不至地关心着我们，照顾着我们，虽然他们自己失去了太多的休息时间和自由。可是，他们还是用尽心思，想出各种办法来逗我们开心。渐渐地，受创的心灵开始愈合，平静的脸上也露出久违的笑容，爽朗的笑声开始围绕在我们的身旁。我们忘却了昨天的伤痛，开始憧憬更加美好的明天。"①

二是组织省外心理疗养。2008年6月15日下午，89名四川地震灾区孩子在海口接受音乐心理治疗，中央音乐学院的研究生谷德芬为孩子们设计了一系列互动、参与项目，在音乐、舞蹈及击鼓中宣泄地震带来的不良情绪，体验愉悦的心情。2008年6月18日，全国首家地震灾区儿童夏令营——"好孩子夏令营"在

① 中国教育报. 2008-8-8. 第1版.

上海东方绿洲基地正式开营，绵竹市土门镇小学五年级学生的20名学生在营地接受了集中、系统的心理关怀。

此外，成都、德阳、绵阳、雅安、广元、阿坝等市州还组织开展了各种夏令营活动。仅成都市就组织20多批次共2000多名师生参与了10多个国家和地区的暑期夏令营活动，帮助师生在旅行活动和游戏中舒缓压力，增强对未来生活的信心。

成都市灾区教师峨眉山心理夏令营

二、以心理健康教育活动课为抓手，推动灾后师生心理援助科学有序进行

“5·12”汶川特大地震发生以来，全国各个系统的心理工作者深入灾区对陆续复课的中小学生及时进行心理援助，取得了积极的成效。但是，自2008年8月起，大部分心理援助志愿者开始陆续撤出灾区，灾区师生心理援助资源更加紧缺，面临的形势更加严峻。对此，四川省教育厅在新都召开了灾区心理健康教育工作会，专题研究并部署相关工作。一是把灾区中小学心理辅导与心理健康教育纳入正常教育教学环节；二是根据心理健康教育与心理辅导需要，积极培养专业师资队伍；三是积极争取对口援建单位，丰富心理援助资源。

（ ）把灾区中小学心理辅导与心理健康教育纳入正常教育教学环节

根据教育部《关于地震灾区中小学开展心理辅导与心理健康教育的通知》的

精神，四川省教育厅制定了《加强灾后中小学生心理辅导与心理健康教育实施意见》（川教〔2008〕238 号），要求，自 2008 年 9 月开学起，所有地震灾区学校要将中小学心理辅导与心理健康教育纳入正常的教育教学环节，科学、有序、持续地进行灾后心理援助。

一是面向全体学生开设灾后心理健康教育活动课或专题讲座。课时安排为，前三周，每周必须安排 1 课时，从第四周开始，每两周必须安排 1 课时。总课时小学各年级每学期不少于 9 课时，初中、高中各年级每学期不少于 10 课时。心理健康教育活动课时从现行课程计划中的地方课程和校本课程中统筹安排。在教育教学活动中，通过小组讨论、角色扮演、行为演练、游戏辅导、影片欣赏和价值观辨析等方法，普及灾后心理健康教育科学常识，帮助学生掌握灾后心理调适的方法，重建积极心理品质。实践中，特别注意了防止灾后心理辅导教育学科化和标签化的倾向。

二是开展班级团体辅导。根据全班学生的特点，设计、开发班级团体主题活动方案，开展各种生动活泼、体验性强的活动，通过师生的参与和互动，促进学生对自我的了解，体验支持和被支持，增强安全感和自信心。在班级团体辅导活动中发现特别需要帮助的学生，要对他们实施个别咨询和辅导，必要时转介到相应的专业心理机构。班级团体辅导应受过专门团体辅导训练的心理老师开展。

彭州实验小学的老师正在上心理健康教育活动课

三是开展个别咨询与辅导。开设心理咨询室，由受过专业心理咨询训练的心理老师对学生开展一对一的心理诊断、咨询、辅导和矫治工作。对于有严重心理问题的学生，及时鉴别并转介到相关专业机构。

桑枣中学老师正在对学生进行心理辅导

四是把地震灾区中小学生的心理辅导与心理健康教育与日常学科教学有机融合。在学科教学中渗透心理辅导和教育的内容，特别注意挖掘各学科的隐性心理健康教育内容，与显性灾后心理健康教育内容有效整合，并予以贯彻落实。同时，充分利用班、团（队）会、校会、网络、墙报、板报等形式，全方位、全过程地开展灾后心理辅导与教育。

地震灾区中小学心理健康教育与心理辅导课的实施为四川省积累了有益的经验。2009 年，在借鉴开展地震灾区心理健康教育与心理辅导课的经验基础上，四川省教育厅利用灾后教育重建机遇重建义务教育地方课程时，把心理健康教育全面纳入了《生活·生命与安全》这门地方课程中。

此外，为了配合地震灾区开好心理健康教育与心理辅导课，根据教育部和四川省教育厅相关文件精神，四川省教育科学研究所还组织人员编写了《灾后心理辅导与心理健康教育活动课案例》（分小学、初中、高中），免费发放到灾区学校 53000 余册。

（二）根据心理健康教育与心理辅导需要，积极培养专业师资队伍

1. 科学规划心理师资队伍建设

《四川省教育厅加强灾后中小学生心理辅导与心理健康教育实施意见》指出：灾区中小学心理健康教育教师既是心理援助的对象，又是灾区师生心理重建的主力军。要通过努力，逐步建设一支结构合理、数量足、素质高，以专职为骨干、专兼职结合、相对稳定的心理健康教育师资队伍。要通过招聘引进、校内转岗、在职培训等途径，用 5 年左右的时间，逐步实现按学生人数每 1500 人配备一名专

职心理健康教育教师，并实行执证上岗；灾区学校尤其是有校舍倒塌和师生死亡的学校，要贯彻落实《四川省人民政府办公厅关于进一步加强地震灾区干部群众和学校师生心理服务工作的通知》（川办发〔2008〕57 号）精神，至少配备 1－2 名有经验或经过培训的心理服务人员，做到心理服务在范围上全覆盖。

2. 开展心理师资队伍培训

为帮助灾区教师了解地震灾后心理康复专业知识和科学的心理辅导方法，提高其开展灾后学生心理辅导与心理健康教育工作的能力，引导和促进灾区中小学心理康复教育工作持续健康发展，四川省教育厅通过组织实施“教育部支援四川地震灾区中小学教师专项培训计划”、“四川省地震灾区中小学教师心理健康教育培训计划”和“四川地震灾区中小学教师心理康复教育培训计划”，广泛开展集中培训、校本培训、网络培训、送培到县等，帮助教师掌握心理康复教育的知识和方法，努力把专职心理健康教育教师培养成学校开展心理健康教育的骨干力量，把班主任、共青团和少先队辅导员、德育处专职教师培养成学校开展心理健康教育的主力队伍，把学校的其他教职工培养成学校开展心理健康教育的重要力量。

四川省教育科学研究所在平武开展送培到县活动

据不完全统计，在“5·12”汶川特大地震后四川省教育厅组织集中培训了 3300 余名心理教师；四川省教育科学研究所“送培到县”活动培训了 1000 余名。各市州也从实际出发，培训了若干心理骨干教师。如 2008 年 5 月 18 日，成都市教育局与教育部中小学心理健康教育专家指导委员会联合紧急启动了“中小学 5·12地震灾区心理援助志愿者行动”，在成都七中举行了庄严而隆重的启动仪式和专家培训；并且通过后续的“学校心理辅导员专业资格培训”，培训了 700 余名心理健康教育教师。德阳市教育局从实际出发，联合外来援助力量，组织开展了“种子培训”、“全员培训”、“特别培训”活动，对教师进行全方位、多层次、形式灵活的全员培训。绵阳市按照“覆盖全市，关注重点”的原则，对教师开展心理抚慰工作，一方面为教师提供心理抚慰，另一方面帮助教师了解、掌握必要的心理干预常识，以便开展力所能及的学生心理安抚工作。

截至2009年底，灾区教师参加省级以上教育行政部门组织的专业培训已达6279人，参加市级、对口援建省、社会力量组织的多种形式培训的人数更多。

（三）充分利用对口支援政策，丰富心理援助资源

一是实施四川省内结对子的对口支援方式加强对地震灾区教师心理辅导与心理健康教育。《四川省教育厅关于进一步加强地震灾区中小学教师心理辅导与心理健康教育工作的通知》（川教〔2009〕50号）提出，从2009年开始，利用3年时间，采用多种形式，重点依托高等学校，以对口支援方式，通过开展团体辅导、集体活动、专题讲座、个别咨询与辅导等积极开展地震灾区中小学教师心理辅导与心理健康教育。结对帮扶的单位安排是：

1. 成都市—四川大学、西华大学、成都学院
2. 阿坝州—成都医学院、四川师范大学、乐山师范学院、阿坝师范高等专科学校
3. 德阳市—川北医学院、内江师范学院、宜宾学院、四川工程职业技术学院
4. 绵阳市—成都中医药大学、西南科技大学、绵阳师范学院、四川教育学院、四川中医药高等专科学校
5. 广元市—泸州医学院、西华师范大学、四川理工学院、四川信息职业技术学院
6. 雅安市—四川农业大学、康定民族师范专科学校、雅安职业技术学院

2010年6月，教育厅进一步提出，在当前及今后3—10年内，要以省内高校专业人才队伍为依托，实施对口援助地震灾区学校师生心理服务工程，加强灾区学校师生心理服务工作，有效降低灾区学校师生心理疾病患病率，基本使灾区广大师生特别是因地震灾害造成有心理问题或精神疾病的高危群体摆脱心理阴影，帮助他们形成健康、乐观、向上的良好精神风貌。同时，在《四川省教育厅关于进一步加强地震灾区中小学教师心理辅导与心理健康教育工作的通知》（川教〔2009〕50号）基础上，将援助单位具体到39个地震重灾县（市、区），具体如下。

高　校	对口援助单位	高　校	对口援助单位
四川大学	都江堰市	西南科技大学	平武县、江油市
西华大学	崇州市	绵阳师范学院	三台县、盐亭县
成都学院	彭州市、大邑县	四川教育学院	梓潼县、涪城区
成都医学院	汶川县、理县	四川中医药高等专科学校	游仙区
四川师范大学	茂县、松潘县	泸州医学院	元坝区、朝天区、市中区
乐山师范学院	九寨沟县、黑水县	西华师范大学	苍溪县
阿坝师范高等专科学校	小金县	四川理工学院	剑阁县、青川县
川北医学院	绵竹、什邡市	四川信息职业技术学院	旺苍县
内江师范学院	罗江县、中江县	四川农业大学	宝兴县、芦山县
宜宾学院	广汉市	康定民族师范专科学校	石棉县
四川工程职业技术学院	旌阳区	雅安职业技术学院	汉源县
成都中医药大学	北川县、安县	西华师范大学	阆中市
四川文理学院	南江县		

二是主动争取对口支援省（市）支持，探索心理重建合作机制。

四川省教育厅抓住对口援建的政策机遇，要求各受灾地区教育局主动争取并热情欢迎确立了对口援助关系的地区和学校的专业心理工作者参与灾区师生心理重建，妥善安排好援助人员的工作条件，尽可能地提供工作方便。

援建方在心理重建方面所做的工作主要包括四个方面：一是为受灾地区教师提供康复性培训；二是直接在灾区学校派驻教师，针对受灾地区学生进行心理辅导和心理健康教育活动；三是与受援方进行教师轮换；四是在极重灾区县设立心理辅导站点和心理咨询网站、热线电话等，帮助灾区师生解答心理问题，提供心理援助。

比如，广元市充分利用援建资源，争取到浙江和黑龙江两省有心理咨询资质的专家47人，并安排到各县（市、区）开展培训15场，3000余人次接受了心理辅导；都江堰的对口援建方上海，把学校心理教师队伍建设列为重点援建项目。绵竹对口援建方江苏省，组织绵竹市43位心理教师队伍到南京、常州、无锡等市参观学习，还有计划地派遣专家和心理教师来绵竹市学校指导工作，担任心理副校长和专职心理教师，帮助学校开展心理辅导，帮助学校心理教师成长。

能量传输－心灵协调的那一刻——广元市教师团体心理辅导活动

三、以“三大体系”为核心，建立心理重建长效机制

2010年6月，四川省委省政府办公厅在《四川省地震灾区心理服务工作实施方案》（以下简称《方案》）中对灾区师生的心理服务工作也做了详细的部署。为了认真贯彻落实《方案》精神，切实做好地震灾区学校尤其是6个重灾市（州）、39个重灾县（市、区）中小学校（含中职学校）师生心理服务工作，四川省教育厅第二次专门召开地震灾区中小学校心理健康教育工作会议，明确提出，要坚持以人为本、重在建设、立足教育、面向全体师生；坚持一手抓已有工作要求和措施的落实，一手抓工作思路和方式方法的创新；坚持立足当前、又着眼长远，着力于体制机制建设、主阵地主渠道建设和队伍建设。

四川省地震灾区中小学心理健康教育工作会召开①

2010年7月4日，四川省地震灾区中小学心理健康教育工作会议在成都召开，四川省教育厅有关领导和相关处室负责人，成都市、德阳市、阿坝州等六个市州及所属重灾县教育部门负责人、灾区学校负责人、对口援助各高校相关负责人等参加了会议。

① 四川教育网

省教育厅指出，"5 · 12"汶川特大地震发生后，各级党委、政府高度重视灾区心理重建，社会各方大力支援灾区心理重建，教育系统积极推进灾区师生心理重建，使灾区中小学心理健康教育从无到有、较快发展，为师生心理重建提供了较好服务。目前，灾区师生心理健康状况总体较好，但是个别师生心理问题突出；灾区中小学心理健康教育得到较快发展，但整体水平还不高，心理重建任务还很艰巨。

省教育厅要求，力争再用三年时间，建立和完善心理健康教育管理体制与教研体系，建立和完善心理健康教育教学与辅导体系，建立和完善心理危机预警与干预体系，加大心理健康教育专兼职队伍建设力度，完善心理健康教育保障机制，高度重视教师心理康复工作，进一步加强心理健康教育对口援助工作，促进心理健康教育普及、规范、科学发展，全面提升灾区师生面对灾难和挫折的心理复原力，重建心理内部平衡，降低心理疾病患病率，减少和避免因心理问题引发的不良事件。

会上，成都市教育局、德阳市教育局、汶川县教育局、绵竹市教育局、北川中学就心理健康教育工作进行了经验交流。省教育厅还向四川省地震灾区中小学心理健康教育专家指导组成员颁发了聘书。

（一）建立和完善心理健康教育管理体制与教研体系

1. 理顺心理健康教育管理体制

要求各地教育行政部门将中小学心理健康教育纳入学校德育工作管理体系。市（州）、县（市、区）教育行政部门要明确一名局长或副局长主抓心理健康教育工作，相关职能部门和学校负责组织实施①。

2. 成立中小学心理健康教育领导协调机构和专家指导小组

市（州）、县（市、区）教育行政部门要按照《四川省教育厅关于成立四川省地震灾区中小学心理健康教育领导协调小组和专家指导小组的通知》（川教函［2010］390号）要求，成立相应的心理健康教育领导协调机构；各重灾市（州）应成立专门的心理健康教育专家指导小组，为心理健康教育提供专业指导和服务。

3. 完善心理健康教育教研体系

省、市（州）、县（市、区）教研部门要有专门机构或专人负责心理健康教育教研，并成立相应的心理健康教育中心教研组。规模较大的学校要建立心理咨

① 四川省教育厅办公室关于地震灾区中小学心理健康教育与辅导工作分工的通知. 川教厅办［2010］12号.

询室，规模较小的学校要联合组建片区心理服务站点。有校舍倒塌或师生死亡的学校要建立心理服务教研组，其余学校要按片区成立联合教研组。

（二）建立和完善心理健康教育教学与辅导体系

1. 开足开好心理健康教育课

灾区学校要严格按照《四川省教育厅关于进一步加强灾后中小学生心理辅导与心理健康教育工作的实施意见》（川教〔2008〕238 号）、《四川省义务教育地方课程实施方案（修订）的通知》（川教〔2009〕81 号）文件要求，通过开设必修课、选修课或专题讲座等途径，开足开好心理健康教育课。当前，各灾区学校正充分利用四川省义务教育地方教材《生活·生命与安全》相关内容，普及心理健康常识，帮助学生掌握一般心理保健知识和心理调适方法，培养良好心理素质。

2. 开展班级团体辅导

根据学生的特点，设计、开展各种生动活泼、体验性强的班级团体主题活动，通过师生互动，促进学生对自我的了解，体验支持和被支持，增强安全感和自信心。班级团体辅导由受过专门团体辅导训练的心理教师开展。

3. 开展个别咨询与辅导

按要求开设心理咨询室或心理辅导室，由受过心理咨询专业训练的教师对学生开展一对一的心理诊断、咨询、辅导和矫治工作。对于有严重心理问题的学生，及时鉴别并转介到相关专业机构。

4. 把心理健康教育贯穿于学校日常教育教学活动之中

深入挖掘各学科中的心理健康教育内容，积极创设符合心理健康教育要求的物质环境、人际环境和心理环境，充分利用班团队活动、网络、板报、广播等对学生进行心理健康教育。

5. 开通家庭与学校配合开展心理健康教育的渠道

通过家长学校、家访等形式，帮助家长了解心理健康知识，掌握心理健康教育方法，注重自身良好心理素质养成。引导家长转变教育观念，以正确理想、追求和良好品格、行为影响孩子。

（三）建立和完善心理危机预警与干预体系

1. 实施心理状况定期分析和报告制度

各级教育行政部门高度重视，加强调研，对灾区师生尤其是重点人群的心理状况进行定期调查分析，及时掌握心理动态，增强灾区师生心理健康教育工作的前瞻性。建立信息报告制度，及时将有关情况向当地党委、政府和上级教育行政部门汇报。

2. 建立学校心理危机预警和干预机制

建立从班级到学校、从学校到专业精神卫生机构的心理危机干预快速通道。做到心理问题及早发现、及时预防、有效干预，努力避免因严重心理障碍引发自杀或伤害他人事件发生。

班主任定期开展学生心理健康状况摸排工作，发现学生出现心理危机时，做出力所能及的保护和干预，及时向学校心理健康教育管理机构汇报。学校心理健康教育机构对班主任反映的学生情况进行评估鉴别，在此基础上对有心理问题的学生建立心理档案，开展心理辅导，并及时向学校汇报。学校也高度重视心理问题高危学生的预防和干预工作，对本校有严重心理疾患或有明显心理障碍、精神异常的学生情况，及时与当地卫生部门联系，将需要精神卫生专科治疗的学生转介到当地精神卫生专科医院或县级综合医院心理服务专科门诊进行专业治疗。

（四）加大心理健康教育专兼职队伍建设力度

建设一支专兼职结合、相对稳定、素质较高的心理健康教育专业队伍，是提高心理健康教育实效，实现心理健康教育工作目标的关键。其中，校长是学校心理健康教育的领导力量，广大教师是地震灾区中小学心理健康教育工作的实施主体，教研员是中小学心理健康教育的引导力量。

1. 加强中小学师生心理援助的学校领导力量培训

2009 年至 2011 年，四川省教育厅在对校长的省级培训计划中，把地震灾区校长的心理辅导与心理健康教育纳入培训的重要内容，旨在普及灾后心理健康教育科学常识，帮助校长掌握灾后心理调适的方法，重建积极的心理品质，同时，指导灾区校长开展学校师生心理辅导与心理健康教育活动。《四川省教育厅关于进一步加强地震灾区中小学教师（校长）队伍建设、提高办学水平的意见》提出，要“实施地震灾区中小学校长培训工程”，通过两年时间实施“四川地震灾区中小学校长管理能力提升培训项目”、“教育部—联合国儿童基金会爱生学校培训项目”、“教育部—中国移动中小学校长影子培训项目”等，支持地震灾区中小学校长全覆盖培训，从办学理念、学校制度建设、校园文化建设、队伍建设、安全及常规管理、心理危机干预与抚慰等方面全面提升灾区学校校长整体素质与学校管理水平，实现灾区学校软件与硬件建设同步提高。对地震重灾县（市、区）中小学校长的全覆盖专题培训中，2010 年计划完成 39 个国家重灾县（市、区）全部 2525 所中小学校长的培训，2011 年计划完成 12 个省定重灾县（市、区）全部 1594 所中小学校长的培训。

2. 提出了“实施地震灾区中小学教师全员培训计划”，积极争取国家、省、市以及对口支援省（市）的支持，建立地震灾区中小学教师培训网络，通过远程教育、组织专项集中培训等方式，2012 年底以前，对 39 个国家地震重灾县（市、区）中小学教师进行一轮全员培训。从心理健康、学历学位、教育教学能力以及现代教学手段等方面全面提高灾区中小学教师的综合素质与能力[①]。在培训中，继续加入教师康复性培训的内容。

3. 进一步加强心理健康教育教研队伍建设。6个重灾市（州）、39个重灾县教育科研机构要配备一名专（兼）职心理健康教育教研员，并专职从事心理健康教育教研工作。四川省教育厅还计划举办市（州）、县（市、区）教研室主任和心理健康教育教研员培训班，不断提高心理健康教育教研的服务能力。

（五）完善心理健康教育保障机制

1. 加强组织领导，建立协调机制

四川省教育厅把灾区学校师生心理重建纳入学校恢复重建总体部署，在政策指导、人才培养、资源整合、督导检查等方面发挥重要作用；并进一步明确厅内相关处工作职责，确保各司其职、各尽其责。

各级教育行政部门在当地党委政府心理服务协调小组的领导下，建立心理健康教育工作协调机构，完善协调机制。加强同大专院校、科研院所等单位的密切合作，积极主动争取援建省市的支持，充分整合、高效利用各类资源。

相关高校深入贯彻《四川省教育厅关于进一步加强地震灾区中小学心理健康教育对口援助工作的通知》（川教［2010］114号）精神，进一步完善高校对口援建39个重灾县中小学心理健康教育工作制度和机制，制定详细的对口援助实施方案，明确工作部门，落实专业人员，提供必要的工作条件，加强信息沟通，定时汇报援助工作开展情况。

2. 加强科学研究，提高工作的针对性和实效性

四川省教育厅鼓励并支持学校申报具有针对性和创新性的课题研究，争创一批全省一流、全国领先的研究成果。各级教育科研管理部门在指导帮助学校、心理健康教育教师做好常规工作的同时，还针对学校心理辅导与心理健康教育实施过程中的问题进行深度分析和研究。相关高校在开展对口援助过程中，紧密结合工作实践，帮助受援县不断提高学校心理健康教育工作水平和研究水平。

各级教育行政、教研部门和基层学校都建立优秀成果的筛选和奖励机制，推广与转化科研成果。适时组织中小学心理健康教育成果评选活动，鼓励教育工作者加强问题研究，不断总结工作经验，创新方式方法，增强心理健康教育工作的有效性。

3. 建立激励机制，加大宣传力度

加强灾区中小学心理健康教育示范县（校）建设。四川省教育厅决定在灾区

---

① 《四川省教育厅关于进一步加强地震灾区中小学教师（校长）队伍建设、提高办学水平的意见》（川教〔2010〕87号）

逐步建成 10 个中小学心理健康教育示范县、39 个中小学心理健康教育示范学校，充分发挥其示范作用。各级教育行政部门还积极开展评优评先活动，表彰、奖励在灾后师生心理辅导与心理健康教育实施过程中做出突出贡献的集体和个人。各级教育行政部门、学校也高度重视，加大宣传，加强正面引导，着力营造灾区中小学心理健康教育工作的良好氛围。

4. 加大经费投入

四川省教育厅、灾区各市（州）和各县（市、区）教育局增列心理健康教育经费项目，经费主要用于灾后中小学心理健康教育的管理、教研工作和师资培训补贴以及专项业务或研究项目等。灾区各中小学单列心理健康教育日常工作经费，以保证心理辅导室的日常运转与设施设备维护、学生心理健康教育活动的开展。

5. 定期组织对学校开展心理健康教育督导

各级教育行政部门建立了心理健康教育教研工作的督导检查制度，定期组织或委托中小学心理健康教育专家指导小组对学校开展心理健康教育情况进行督导，以督查推动各项工作要求的落实。督导结果上报当地党委、政府和上级教育行政部门，并纳入对下级教育行政部门、教研部门和灾区学校的年度考核。

四川省教育厅于 2009 年 12 月下旬，组织力量对 5 个极重灾县 7962 名中小学生、1080 名中小学教师进行了心理测查。结果表明：尽管灾区师生创伤后应激障碍个别症状还很明显，但创伤后应激障碍程度总体较低，属于较低水平范围。灾后师生心理重建措施得力，初见成效，经验可资借鉴：一是在师生心理重建的组织管理上，形成了各级党委、政府高度重视，社会各方大力支援，教育系统积极推进的灾后师生心理重建工作模式；二是特别强调心理重建的专业性，包括强调心理重建队伍的专业性、心理重建方法的科学性和心理重建实施的阶段性；三是以灾区中小学心理健康教育课和心理辅导为载体，谋划心理重建的长效机制，用心理健康教育进教材、进学校、进课堂的方式，推动师生心理重建科学、持续、有效地开展。

第七章　灾后师资队伍重建

灾区教育的恢复、重建与振兴，教师起着重要作用。地震灾难给灾区教师带来了巨大的心理创伤，恶化了教师的生存状态，破坏了教师专业发展支持系统。要实现灾区教育教学的恢复、重建与振兴，迫切需要对灾区师资进行重建。在师资重建过程中，四川省教育厅按照省委、省政府和教育部的相关要求，坚持立足地震灾难这一特殊现实，把重建工作置于教育改革发展的时代背景，遵循教师队伍建设的内在规律，整体规划、合理统筹、立足恢复、着眼提升，通过多种途径和形式及时补充配置教师，优化师资结构，有针对性地实施系列教师培训和教研活动，提升教师专业水平和教学能力，大力开展教师表彰活动，弘扬教师的高尚师德，稳定和激励灾区教师队伍，促进灾区教师队伍的可持续发展。师资重建工作有力、有序、有效推进，取得了良好效果。

一、确定灾后师资重建目标

灾后师资重建具有明显的阶段性特征，在不同的阶段面临的主要矛盾和具体问题有异，重建的目标和任务也各有侧重，表现出“特殊性”；灾后师资重建涉及的内容多，不仅要改善教师的生存条件，保障和满足其生活、住房等基本需求，而且要考虑教师的数量补充以及结构优化，同时还要关注灾区教师心理和精神层面的重建以及教师专业发展等；灾区教师队伍重建不能仅仅立足于恢复，还要结合当前教育改革发展及实施素质教育的要求，着眼于“提升”，适度体现“超前性”，实现灾区教师队伍的可持续发展。因此，必须认真做好灾区师资重建的科学规划、合理统筹，确保灾区教师队伍建设有序、有效实施。

灾后师资重建，就是要通过研究，在客观准确地了解和掌握灾区教师的损失情况、所遭受的心理创伤、生存状态的恶化、专业发展支持系统的破坏、教育教学现状以及教师精神层面等情况的基础上，立足灾区的特殊现实，以科学发展观为指导，遵循教师队伍建设的内在规律，考虑教育改革发展的时代要求，整体规划、合理统筹，通过多种途径和形式及时补充配置教师，优化师资结构，改善教师的生存状态和教育教学条件，实施心理疏导，有针对性地实施系列教师培训和教研活动，大力开展教师表彰活动，为灾区建立一支师德高尚、素质良好、数量足够、分布均衡、结构优化、富有活力，适应灾区需要和教育事业改革发展需要的高素质、专业化的中小学教师队伍，为灾区教师队伍的可持续发展打下基础，促进灾区教育恢复、重建与振兴。

为实现上述总目标，四川省教育厅根据灾后实际，在充分调研、信息搜集和分析的基础上，针对灾后不同阶段师资建设面临的主要矛盾和具体问题，整体规划，提出了灾后不同阶段师资重建的主要任务。

（一）震后应急阶段和复学复课阶段师资重建的主要任务

在地震发生后的第五天，四川省教育厅下发文件，要求“各地教育行政部门和各级各类学校在做好抗震救灾工作的同时，要进一步安抚、安置好受灾师生，并及时摸清区域（或学校）内学生及教师情况，提前做好灾后重建和灾区学校恢复行课对教师等方面的准备工作①。”针对灾后应急阶段和复学复课阶段教师队伍建设面临的主要问题，四川省教育厅提出本阶段师资重建的主要任务是“着重解决地震极重灾区中小学校师资总量不足和结构不合理等问题，提高地震极重灾区农村教师队伍整体素质，促进地震极重灾区学校持续、健康发展”②。同时，通过多种形式和措施，积极开展灾区教师心理疏导和心理健康教育工作，缓解灾区教师的心理创伤。

（二）震后恢复教学秩序阶段师资重建的主要任务

在进入复学复课和灾后恢复教学秩序阶段，师资建设的主要任务是对灾区教师进行心理辅导和心理健康教育，帮助教师掌握科学的心理调适方法，提高业务能力，同时对优秀教师和教育工作者进行表彰激励。因此，这一阶段师资重建的主要任务是“使灾区教师了解地震灾后心理康复专业知识和科学的心理辅导方法，提高其开展灾后学生心理康复教育工作的能力，并帮助地震灾区中小学教师自身心理状态的调适，引导和促进灾区中小学心理康复教育工作持续健康发展”。“帮助灾区中小学教师提高业务能力，调整身心状态，为新学期开学后的教育教学工作奠定基础……开展有针对性的心理康复、课程改革及人文、自然、社会、艺术和体育等方面的专题讲座为主要内容的教育活动。”“弘扬新时期人民教师的高尚师德和无私奉献的精神，进一步激励广大教师和教育工作者，积极投身抗震救灾、

---

① 四川省教育厅．四川省教育厅关于做好灾区学校支教和教师队伍建设有关工作的通知．川教〔2008〕139 号．

② 四川省教育厅．四川省地震极重灾区 2008 年农村义务教育阶段学校教师特设岗位计划实施方案（试行）．川教〔2008〕187 号．

重建校园、恢复教学、提高教育质量的工作。”①

（三）进入永久性校舍后师资重建的主要任务

在灾区学校硬件设施实现跨越式发展，灾区教育迎来崭新的面貌后，灾后师资重建的主要矛盾表现为：灾区人民群众对接受更高层次、更高质量教育的需求将会更加迫切，教师的整体素质与实施素质教育以及教育现代化的要求还存在差距；校长科学管理学校的能力与水平，特别是如何管理与高效利用全新的高标准校园硬件设施以及如何解决学校运行成本增加等问题的能力还需要进一步提高。针对以上主要矛盾，本阶段灾后师资重建的主要任务是“进一步加强地震灾区中小学教师（校长）队伍建设，全面提高地震灾区中小学教师（校长）的综合素质与能力，努力建设一支与我省教育事业发展相适应的中小学教师（校长）队伍，推动地震灾区学校灾后重建‘软件’与‘硬件’同步提升，提高地震灾区中小学办学水平。”②

二、统筹解决灾区教师数量补充和质量提升问题

为确保灾区学校复学复课对教师的基本需要，四川省教育厅在认真核实灾区学校教师余缺情况和复学复课对教师的实际需求基础上，结合灾区校点布局规划、班额设置、班级设置，做好了教师余缺测算，制定教师队伍建设短期及中长期规划，努力改善教师队伍的专业、年龄、学历、职称等结构，逐步建设一支数量适中、素质良好的教师队伍。在方式和途径上，主要采取了地震灾区考核招聘、对口支援、实施“特岗计划”和在区域内调配等，及时为地震灾区补充了7780余名教师（其中，在编制内招聘教师5242人，实施“特岗计划”招聘特岗教师1509人，省内、省外教师赴地震灾区学校支教1030人/次），有力地保障了灾区复学复课和正常教育教学活动的需要。

1. 组织省内13个非地震灾区为地震灾区学校复学复课提供教师支援

汶川地震灾害发生后的第五天，即5月17日，四川省教育厅印发了《关于做好灾区学校支教和教师队伍建设有关工作的通知》（川教〔2008〕139号），积极动员非地震灾区选派优秀教师到地震灾区支教。按照非灾区支援灾区、轻灾区支援重灾区极重灾区的原则，做好支教教师的储备和支教工作。省教育厅在全省范围内组织开展非地震灾区为地震灾区复学复课提供教师支援活动。要求省内各地

---

① 四川省教育厅．四川省教育厅关于转发《教育部办公厅关于组织实施“援助地震灾区中小学教师培训计划”的通知》的通知．川教函〔2008〕419号．

② 四川省教育厅．四川省教育厅关于进一步加强地震灾区中小学教师（校长）队伍建设、提高办学水平的意见．川教〔2010〕87号．

以市（州）为单位，建立教师总量8‰左右的、覆盖所有专业学科的支教教师储备库（成都、绵阳、德阳、广元、阿坝、雅安、攀枝花等地按教师总量的2‰储备），供急需补充教师的地区调用援助。省教育厅要求支教师资选派地教育部门从讲政治讲大局的高度不折不扣地完成支教任务，切实体现社会主义的优越性，体现中华民族大家庭的温暖；支教师资选派地教育部门、受援地教育部门切实加强对支教教师的管理、考核和服务，立足人文关怀，关心支教教师的工作与生活，同时注意收集表现突出的赴灾区支教教师的事迹。

内江市赴灾区支教教师欢送会

2008 年 5 月 26 日，四川省教育厅制定了《四川省地震灾区学校复学复课师资保障工作方案》，组织 13 个非地震灾区为地震灾区学校复学复课提供教师支援，共储备支教人员 686 人，其中储备支教校长 60 名，储备支教学科教师 561 人，储备支教心理辅导专业教师 65 人。

2008 年 8 月 14 日，根据地震灾区学校复学复课对教师的需求数，四川省教育厅印发了《关于选派支教教师赴地震灾区支援中小学复课的通知》（川教函〔2008〕451 号），由非地震灾区的 13 个市选派 182 名优秀教师到 15 个地震重灾县（市、区）支教，明确规定了支教时间、支教教师待遇和管理以及支教工作的要求。

四川省内各市（州）和高校积极响应省教育厅支援灾区的号召，踊跃组织区域内的教师奔赴灾区支援。

遂宁市首批 12 名老师赴灾区支教①

经过前期自愿报名、组织推荐、各区县教育局初审、市教育局终审的环节，遂宁市教育局选派出 20 名思想素质好、工作能力强的优秀教师，分别前往金川、小金、汶川三个地震灾区开展为期一年的支教生涯。2008 年 8 月 26 日中午，遂宁市首批 12 名赴灾区支教教师启程。出发前，市教育局专门召开

① 四川省教育厅网站，2008－9－2.

了座谈会，为支教老师们鼓劲加油。面对即将身处的艰苦环境，支教老师们都显得很平静，没有人抱怨，更没有人诉苦。支教教师纷纷表示，“我们过去是为了教书，不是为了享受。”在老师们随身携带的行李中记者看到，书籍和备课资料占了整个行李的三分之二。一名来自射洪的老师说，“这些是我们多年的经验总结，带过去可以帮助当地的孩子更好地学习。”

9名教师竞争一个支教名额①

2008年5月31日，四川省眉山市师范附小接到选派一名教师到地震灾区支教的任务，符合条件的教师们踊跃报名，以至于学校领导为此犯难。在接受派人支教的任务后，这个学校的领导刚开始有两个担心：一是地震灾区还余震不断，仍有一定的危险性，而且社会上不少人对于地震的恐慌情绪尚未消除；二是本校女教师较多，不少人有家庭拖累，而此次支教时间长达一年。谁知在随后召开的教师会上，符合条件的教师们一下子就有9人报名。他们还各自充分阐述了自己的理由和优势，都强烈要求到地震灾区去支教。这一下子倒让学校领导犯了难。看到学校领导犯难，有的教师就提出采取抓阄的办法来解决，这样比较公平合理。最后，学校领导综合各方面情况，决定上报李成文老师为本次支教教师。事情虽然已决定，但仍有两名男教师找到学校领导“提前挂号”，他们要求，“如果还有支教名额，一定要优先安排我们去”。

支教是地震送给我的一份礼物②

成都七中地理老师闫锦先于2008年8月到都江堰第四中学支教，他对支教充满了感情，他说，“来四中快一年了，虽然条件和成都不能比，但是我把这次支教视为地震送给我的一份礼物。如果可能，我希望下个学期继续支教，把七中的优良传统和先进理念传达给他们。”

2. 积极协调对口支援省（市）选派优秀教师到地震灾区学校支教

地震灾害发生后，四川省教育厅积极协调对口支援省（市）选派优秀教师到

① 姚永亮、岳自奎．眉山市师范附小9名教师竞争个别灾区支教的名额．新华网，2008－6－2.

② 原辉、陈松．支教是地震送给我的一份礼物［N］．成都商报，2009－4－23.

地震灾区学校支教。据初步统计，地震灾害发生后，国家确定的 18 个对口支援地震重灾县的省（市）积极选派优秀教师到地震灾区学校支教。截至到 2009 年 9 月 11 日，国家确定的 18 个对口支援省（市），共选派了 423 名优秀教师到四川地震灾区学校支教。①

因为对灾区学子的无限关爱，来自祖国各地的教师，聚川成海。

在灾区全面复课前，全国各地的老师们来了，如一股股暖流，向灾区涌动。他们中，年长者儿女已成人，年少者尚未成家，但无一不为崇高的使命心潮澎湃，热血奔腾。

北京智力援建什邡量身支教②

2009 年 3 月 25 日，《京什教育灾后恢复重建智力援助实施方案》正式签订。根据此方案，北京市教委从“专家教师支教”、“教育管理人员、骨干教师培训”、“学校手拉手结对共建”和“建立京什远程教育培训平台”4 个方面，对什邡教育进行智力援建，通过两年时间培训 200 名学校管理干部、300 名学科骨干教师，为什邡教育强筋壮骨。

什邡按需“点菜” 北京量身支教

北京第二实验小学的数学老师华应龙、人大附中的语文老师陶云……这些北京教育界的“大腕”都曾被点将来过什邡。北京援什挂职干部、什邡市教育局副局长郜世奇总结支教工作时说，“我们采用了量身支教模式，什邡学校可以根据需求‘点菜’：点学科、点内容、点老师”。截至 2010 年 6 月，北京已分三批派出 38 名教育专家赴什支教。专家支教团集中了北京最优秀的教师力量，通过办讲座、上示范课，讨论交流等形式，为什邡培训中小学教师近 3000 名。2010 年下半年，北京将派出最后一批专家支教团，主要指导高中课改的有关问题。

赴京集中培训 回校分享成果

北京智力援建计划通过两年时间，为什邡培训 200 名学校管理干部、300 名学科骨干教师，目前已有 147 名学校管理干部、239 名学科骨干教师赴京培训。2010 年下半年还将有两批骨干教师、一批管理干部参加培训。通过理论学习、下校实践、课题研究等形式，什邡教师了解了前沿管理理论，更新了

---

① 张守帅．奉献是他们共同的名字——记四川地震灾区的省外支教老师们［N］．四川日报，2009－9－11.

② 什邡市教育局．北京智力援建什邡量身支教［EB/OL］http：//www.dy.edu.cn．2010－6－18.

教育教学观念，掌握了教研活动技巧。什邡教师将北京先进的教育理念、管理模式和教学方法带回家乡，在什邡每一所学校里生根发芽。

京什学校结对 建立长效合作

走进什邡市双盛初中的教学楼，走廊里挂满了学生的书法作品；教室里，书法班的学生们正在利用午休时间练字。书法是双盛初中的特色，结对校北京市徐悲鸿中学则擅长绘画。目前，徐悲鸿中学正在帮双盛中学筹建“阳光画廊”，今后两校将定期互换作品，在各自的“阳光画廊”里展出，供师生交流学习。双盛初中副校长张芝荣说，“6月份，徐悲鸿中学邀请我校老师到北京学习绘画、泥塑，类似的活动以后还会不断开展”。在京什学校“手拉手”结对共建的框架下，什邡35所中小学成为北京对口支援的学校，双方在教学科研、学校管理和师资队伍建设等方面展开合作、交流。

网上资源共享 打破时空限制

“北京—什邡远程教育培训资源网”于2009年底开通，整合了首都优质网络教育资源，根据什邡教育的实际开设了精品课程、教学设计、特色资源等栏目。什邡中小学3500名教师凭卡可以免费登录，在线学习、交流，接受专家指导。据统计，截至2010年6月8日已有3562位教师登录学习，提交作业292份，发帖数将近600条。远程培训打破了北京、什邡两地的时空限制，使什邡教师在家中就能享受到北京的培训与课程资源。什邡北京小学校长助理王胜说，“老师使用率比较高，有的还写上网日志，学校打算选取一些装订成册，和对口学校进行交流。”

广东省6名高中教师赴汶川一中支教①

根据教育部和广东省委省政府的有关指示精神，按照省对口支援地震灾区灾后恢复重建工作办公室的统一部署，广东省教育厅在向汶川县派出支教教师支援灾区教育的同时，还提出了对口援建教育的三个方面的工作：一是每年在各地市遴选6名高中教师赴汶川支教，时间为2年，一年轮换一次。二是在各地市遴选21所优质中小学校、幼儿园分别与汶川21所中小学校、幼儿园按一帮一的方式“结对子”；组织广东中小学校校长、幼儿园园长到汶

① 广东省教育厅，广东省6名高中教师赴汶川一中支教［EB/OL］. http：//www.gdhed.edu.cn/. 2009－09－16.

川“结对子”的中小学校、幼儿园传授管理工作经验，帮助汶川幼儿园和中小学校提高管理能力和水平。三是利用假期，组织部分汶川教师来广东省学习培训，帮助汶川教师进一步拓宽教育教学知识和水平。

潍坊四校援教北川——北川教师定期来潍坊学习，潍坊教师到灾区支教[1]

山东省对口援助北川灾区。在援建过程中，北川县桂溪平安小学与山东省潍坊高新区东明小学于2008年建立手拉手对口支援联系。2009年，山东省潍坊广文中学、寒亭实验小学、中心双语学校又与北川灾区学校开展“结对子”活动，同时，山东省潍坊广文中学与北川县桂溪中学、潍坊市寒亭区实验小学与甘溪小学、潍坊市奎文区中心双语学校与贯岭小学又陆续结成对子。结对子后，北川灾区学校的教师定期到潍坊进行学习，由结对子学校提供教师培训；潍坊学校的教师到灾区进行教学支援；同时，潍坊的学校还为灾区提供先进的教学资料、书籍和光盘，把自己的教育理念和教学方法传授给当地教师，尽最大力量帮助灾区学校。

我区支教都江堰教师完成任务[2]

2008年8月，上海市从市内各地抽调、选派第一批支教教师共60名赴都江堰支教。支教教师为当地教学骨干，其中部分为当地教育系统的负责人和专家，支教时间为一年。在对口援建都江堰市的过程中，刚到都江堰的时候，上海市杨浦区周宪林老师就病倒了，倪志平老师也因身体不适住

上海市支教和当地学校教师交流

① 秦国玲. 潍坊四校援教北川——北川教师定期来潍坊学习，潍坊教师到灾区支教［N］. 齐鲁晚报，2009-5-27.

② 宗禾. 我区支教都江堰教师完成任务［EB/OL］. 上海杨浦网，http：//www.shyp.gov.cn. 2010-07-07.

进了医院。可当他们身体稍好一些后，又迫不及待地回到了岗位上。除了生活中遇到的困难，远在上海的家人也让支教老师非常牵挂。殷莹老师的女儿才4岁，倪志平老师的孩子才6岁，杨会宝老师的父亲在一个月内两次突发脑血栓住院……即便如此，老师们的支教热情也没有退却。杨会宝老师和“娘家”国和小学联系，帮助都江堰学校开展校际互动；殷莹和周宪林老师则共同负责，对都江堰外语实验学校课题组成员进行理论与实践指导；倪志平老师运用自己的计算机知识，教给当地老师制作多媒体课件的方法。上海市同时向都江堰发出邀请，每学期由都江堰市选拔100名教师赴上海进行为期半年的学习，三年内选拔600人。

浙江省派骨干教师赴青川支教[①]

“5·12”地震发生后，浙江省教育系统迅速伸出援助之手，广大教师积极响应，开展了一系列抗震救灾活动，成绩显著。浙江省与青川县达成协议，帮助青川县开展教师培训和支教工作。青川县将从当地职高、普高、初中、小学、幼儿园中选派150名骨干教师，分5批到浙江省学校挂职接受培训，每批挂职时间为半年。期间，青川教师培训费用、往返川浙的交通费用、住宿费用、每人每月300元的伙食补贴，以及可能发生的医疗费用等均由浙江省承担。同时，浙江省按照“顶岗支教、对口负责”的原则，选派相应数量的骨干教师赴青川顶岗支教。2009年3月，浙江省选派31名教师赴青川县支教，他们中年龄最小的仅21岁，最大的47岁，绝大部分具有本科学历、中级以上职称，都是浙江省在职的骨干教师。支教期间，他们不仅要承担顶岗教师的工作，还要全面参与学校的教学、教研和校本培训等各项活动，帮助提高所在学校教师教学水平。连续三次来青川营盘乡小学支教的陈芬芳老师说，“在青川的支教经历将永远留在我的生命里，鲜活在我记忆的心空。”“我和我青川的孩子们有个约定，等他们将来长大考取了浙江的大学，我在浙江家门口迎接他们”。

支教教师凭着对灾区的爱心，以饱满的激情投入到支教工作中，克服了常人难以想象的困难，主动地承担更多的工作，给灾区孩子带去了知识，给灾区学校

① 浙江省教育厅网站．2009－3－17.

带去了先进的教育理念和教学方法，把爱留在了灾区。以这些教师为纽带，援建省（市）对灾区教育有了更深入、更全面的了解。他们的援助也在持续进行。黑龙江省将支教从职教扩展到小学、初中、高中；北京市邀请灾区 104 名学校教学管理干部、小学语文教师进京参加培训；江苏省开展“一对一 · 手拉手”活动，组织重点中小学、幼儿园，与绵竹市的 85 所中小学、幼儿园结成友好对子；广东惠州市小学与汶川三江乡小学结对子，并捐资 100 万元在三江设立长期性奖学金……①

绵阳师范学院与北川中学“手拉手”

同时，来自国外的志愿者也向四川省地震灾区伸出了援手。2008 年，来自韩国的 20 名支教志愿者到四川省彭州市参与支教活动。“这次选拔来川支教的 20 名学生，来自韩国的 20 所大学，是从 8000 名报名候选人中脱颖而出的。有的擅长舞蹈、乐器，有的会表演魔术，有些以多门外语为特长，还有的善于做手工等等。”②

来自四川省外、国外的志愿者和省内非地震灾区的支教者不仅将知识播撒在学子们的心田，而且留下经验，留下示范，为灾区教育注入了涓涓暖流，对推动四川省灾后教育重建工作作出了重要的贡献。

---

① 张守帅．奉献是他们共同的名字——记四川地震灾区的省外支教老师们［N］．四川日报，2009-9-11.

② 陶玲．8000 志愿者中脱颖而出．20 韩国学生灾区支教［N］．华西都市报．2009-7-24（18）.

3. 通过实施“特岗计划”①，为地震灾区学校招聘特岗教师

根据国家关于“特岗计划”的实施方案，结合四川省地震极重灾区农村义务教育阶段学校实际，2008 年，四川省教育厅决定在四川省地震极重灾区实施农村义务教育阶段学校教师特设岗位计划（以下简称“特岗计划”），招聘一批“四川省地震极重灾区农村义务教育阶段学校特设岗位教师”（以下简称“特岗教师”），以解决地震极重灾区中小学校师资总量不足和结构不合理等问题，提高地震极重灾区农村教师队伍整体素质，促进地震极重灾区学校持续、健康发展。

四川省地震极重灾区 2008 年新增特岗教师岗位一览表②

<table>
<tr><th colspan="3" rowspan="2"></th><th rowspan="2">合计</th><th colspan="15">学科岗位数（个）</th></tr>
<tr><th>小计</th><th>政治</th><th>语文</th><th>数学</th><th>物理</th><th>化学</th><th>生物</th><th>地理</th><th>历史</th><th>外语</th><th>信息技术</th><th>音乐</th><th>体育</th><th>美术</th><th>科学</th></tr>
<tr><td colspan="2" rowspan="2">总计</td><td>初中</td><td rowspan="2">387</td><td>226</td><td>6</td><td>16</td><td>38</td><td>38</td><td>14</td><td>13</td><td>13</td><td>4</td><td>53</td><td>8</td><td>6</td><td>13</td><td>4</td><td>0</td></tr>
<tr><td>小学</td><td>161</td><td>0</td><td>27</td><td>28</td><td>0</td><td>0</td><td>0</td><td>0</td><td>0</td><td>50</td><td>12</td><td>19</td><td>12</td><td>11</td><td>2</td></tr>
<tr><td rowspan="6">绵阳市</td><td rowspan="2">北川县</td><td>初中</td><td rowspan="2">30</td><td>30</td><td></td><td>3</td><td>5</td><td>4</td><td>3</td><td>4</td><td></td><td></td><td>8</td><td></td><td></td><td>3</td><td></td><td></td></tr>
<tr><td>小学</td><td>0</td><td></td><td></td><td></td><td></td><td></td><td></td><td></td><td></td><td></td><td></td><td></td><td></td><td></td><td></td></tr>
<tr><td rowspan="2">江油市</td><td>初中</td><td rowspan="2">60</td><td>30</td><td></td><td>6</td><td>5</td><td>4</td><td></td><td></td><td>2</td><td></td><td>7</td><td>1</td><td>2</td><td>2</td><td>1</td><td></td></tr>
<tr><td>小学</td><td>30</td><td></td><td>6</td><td>6</td><td></td><td></td><td></td><td></td><td></td><td>9</td><td>2</td><td>2</td><td>1</td><td>2</td><td>2</td></tr>
<tr><td rowspan="2">安县</td><td>初中</td><td rowspan="2">120</td><td>50</td><td>3</td><td>3</td><td>7</td><td>7</td><td>3</td><td>2</td><td>2</td><td></td><td>13</td><td>5</td><td></td><td>5</td><td></td><td></td></tr>
<tr><td>小学</td><td>70</td><td></td><td>13</td><td>13</td><td></td><td></td><td></td><td></td><td></td><td>20</td><td>8</td><td>6</td><td>6</td><td>4</td><td></td></tr>
<tr><td rowspan="6">成都市</td><td rowspan="2">都江堰市</td><td>初中</td><td rowspan="2">12</td><td>0</td><td></td><td></td><td></td><td></td><td></td><td></td><td></td><td></td><td></td><td></td><td></td><td></td><td></td><td></td></tr>
<tr><td>小学</td><td>12</td><td></td><td>3</td><td>4</td><td></td><td></td><td></td><td></td><td></td><td>2</td><td></td><td>2</td><td>1</td><td></td><td></td></tr>
<tr><td rowspan="2">彭州市</td><td>初中</td><td rowspan="2">16</td><td>12</td><td></td><td></td><td>4</td><td>6</td><td>1</td><td>1</td><td></td><td></td><td></td><td></td><td></td><td></td><td></td><td></td></tr>
<tr><td>小学</td><td>4</td><td></td><td></td><td></td><td></td><td></td><td></td><td></td><td></td><td></td><td>2</td><td>1</td><td></td><td>1</td><td></td></tr>
<tr><td rowspan="2">崇州市</td><td>初中</td><td rowspan="2">41</td><td>20</td><td></td><td>1</td><td>4</td><td>4</td><td>1</td><td></td><td></td><td></td><td>6</td><td></td><td>2</td><td>2</td><td></td><td></td></tr>
<tr><td>小学</td><td>21</td><td></td><td>2</td><td>3</td><td></td><td></td><td></td><td></td><td></td><td>5</td><td></td><td>6</td><td>1</td><td>4</td><td></td></tr>
</table>

① 四川省教育厅、四川省人事厅、四川省财政厅、四川省机构编制委员会办公室. 关于印发《四川省地震极重灾区 2008 年农村义务教育阶段学校教师特设岗位计划实施方案（试行）》的通知. 川教〔2008〕187 号.

② 四川省教育厅. 四川省地震极重灾区 2008 年农村义务教育阶段学校教师特设岗位计划实施方案（试行）.

续表

			合计	学科岗位数（个）														
				小计	政治	语文	数学	物理	化学	生物	地理	历史	外语	信息技术	音乐	体育	美术	科学
德阳市	绵竹市	初中	58	36	2	2	4	4	2	2	4	2	8		2	1	3	
		小学		22		3	2						12		2	3		
	什邡市	初中	10	10			2	3					5					
		小学		0														
广元市	青川县	初中	10	10		1	2	1	1	1	1		2	1				
		小学		0														
	剑阁县	初中	10	8				1	1	1	2	1	2					
		小学		2									2					
雅安市	汉源县	初中	20	20	1		5	4	2	2	2	1	2	1				
		小学		0														

四川省地震极重灾区2008年特岗计划的实施范围为18个极重灾县（市、区），即：北川县、平武县、江油市、安县、都江堰市、彭州市、崇州市、绵竹市、什邡市、青川县、剑阁县、汉源县、汶川县、茂县、理县、黑水县、松潘县、小金县。

同时，为了解决四川省个别重灾区县（市）教师不足的问题，四川省教育厅会同省财政、人事编制等部门另外向国家争取增加了387个特岗计划指标。新增加的387个特岗教师将补充到四川省绵阳、成都、德阳、广元、雅安等11个重灾区县（市）。（见四川省地震极重灾区2008年新增特岗教师岗位一览表）

在资金安排方面，四川省地震极重灾区实施“特岗计划”所需资金由中央财政和地方财政共同承担，以中央财政为主。中央财政设立专项资金，用于“特岗计划”教师的工资性支出，按人均每年18960元的标准予以补助。凡特岗教师工资性收入水平高于18960元的，其高出部分由地方财政负担。设岗县财政负责落实用于解决特岗教师的地方性津补贴、必要的交通补助、体检费和按规定纳入当地社会保障体系，享受相应的社会保障待遇应缴纳的相关费用。省级财政在计算各地一般性转移支付资金时，将其纳入标准支出计算范围。

“特岗教师”的招聘对象为四川省内全日制普通高等师范本科院校中师范类专业、年龄在30岁以下的应届本科及以上毕业生。招聘条件为政治思想素质好，为人师表，志愿赴地震极重灾区学校任教；符合教师资格条件要求和服务岗位要求；身体条件符合规定并能适应地震极重灾区设岗县（市、区）工作、生活环境条件。

特岗教师在聘用期间，执行国家统一的工资制度和标准，其他津补贴由各地根据当地同等条件公办教师年收入水平综合确定，特岗教师年收入水平原则上不低于当地同等条件在编的公办教师年收入水平；特岗教师在服务期间按规定纳入当地社会保障体系，享受服务地区公办教师相同的社会保障待遇，同时，设岗县或设岗学校免费为特岗教师提供住宿条件；特岗教师享受国家关于引导和鼓励高校毕业生面向基层就业的意见（中办发〔2005〕18号）、《关于组织开展高校毕业生到农村基层从事支教、支农、支医和扶贫工作的通知》（国人部发〔2006〕16号）和四川省《关于引导和鼓励高校毕业生面向基层就业的实施意见》（川委办〔2005〕34号）、《关于进一步完善“三支一扶”计划志愿者有关政策的通知》（川人发〔2007〕16号）规定的有关优惠政策；特岗教师服务期限为三年，服务期结束后，对考核合格，且自愿留在服务地学校继续任教的，经设岗县政府教育行政部门审核，县级政府人事部门批准，由县级教育行政部门办理事业单位人员聘用手续，按照有关规定办理上编制、核定工资基金等手续，并分别报省、市（州）人事、教育部门备案，同时将其工资发放纳入当地财政负担范围，保证其享受当地教师同等待遇；符合相应条件要求的特岗教师，可按规定推荐免试攻读教育硕士。特岗教师三年聘期视同“农村学校教育硕士师资培养计划”要求的三年基层教学实践。

2008年、2009年实施“特岗计划”两年以来，为地震重灾县招聘特岗教师2669人，大都是优秀本科毕业生，有效地缓解了四川省地震极重灾区农村学校师资总量不足和结构不合理的问题。

4. 指导地震灾区市（州）、县（市、区）在编制内招聘教师和在区域内调配教师

根据四川省人事厅印发的《关于对我省地震受灾县教育和卫生系统2008年直接考核补充工作人员的紧急通知》（川人办发〔2008〕143号）文件精神，在省教育厅的指导下，各地震灾区县对区域内紧缺学科教师采取直接考核招聘方式，补充了部分普通高等院校大学本科及以上的优秀毕业生，地震灾区市（州）、县（市、区）在编制内招聘教师和在区域内调配教师共5242人。

（二）积极开展灾区学校教师培训和教研活动

1. 组织实施“援助地震灾区中小学教师培训计划”①

为帮助和支持地震灾区中小学教师队伍建设，教育部于2008年7月决定组织实施“援助地震灾区中小学教师培训计划”，主要内容包括：组织实施地震灾区中小学教师暑期国家级培训、组织实施地震灾区中小学教师心理康复教育国家级培训、把支持地震灾区中小学教师培训纳入各地对口支援计划。四川省教育厅为保

① 教育部. 教育部办公厅关于组织实施“援助地震灾区中小学教师培训计划”的通知.

证“援助地震灾区中小学教师培训计划”顺利实施，于2008年7月24日发文对地震灾区中小学教师培训工作提出了具体的要求和规定，要求各灾区教育行政部门高度重视，认真组织和做好灾区中小学教师培训相关工作。根据省教育厅的安排和部署，顺利完成灾区中小学教师培训工作，共计完成2000余人次的教师培训工作。

2. 组织实施“地震灾区中小学教师心理康复教育培训计划”①

为进一步加强地震灾区中小学教师心理辅导与心理健康教育工作，帮助灾区中小学教师提高心理康复和心理健康教育能力，四川省教育厅在2008年组织实施“教育部支援四川地震灾区中小学教师专项培训计划”、四川省地震灾区中小学教师心理健康教育培训计划基础上，于2009年4月继续组织实施了“地震灾区中小学教师心理康复教育培训计划”。培训计划旨在为每个重灾县培训心理辅导与心理健康教育市级骨干教师、县级培训者，积极争取对口支援省、市和社会支持开展教师心理康复培训，指导督促灾区县开展县级培训工作。灾区县级培训覆盖到本区域内所有学校，为学校尤其是校舍毁损、师生伤亡学校培训1至2名心理辅导与心理健康教育骨干教师。县级教师培训机构积极指导学校开展校本研修。省级培训项目包括心理健康教育骨干教师培训项目、心理健康辅导站专兼职教师培训、地震灾区中小学教师心理康复治疗培训项目。2009年暑期共举办3期，每期培训100人，共培训300人。

3. 组织教师参加“援助四川地震灾区中小学骨干教师培训班”②

为帮助和支持四川地震重灾区中小学教师队伍建设，教育部于2009年7月组织实施援助四川地震重灾区中小学教师培训项目。教育部师范司委托四川省和重庆市5所高等院校采取集中培训方式，对四川地震重灾区初中、小学骨干教师进行培训，帮助灾区教师提高教育教学技能，学习掌握心理康复教育知识和方法。培训内容结合灾区中小学教师的实际需求，以心理健康培训为主，同时包括学校公共卫生及安全、基础教育课程改革、班主任工作、教育教学技能和教育实践活动等。培训对象为39个地震重灾县（市、区）初中语文、数学、英语和小学语文方向、数学方向骨干教师。四川省教育厅高度重视并积极安排和组织省内受灾县（市、区）相关教师参加培训活动，本次培训活动历时10天，共培训灾区骨干教师1000人。

---

① 四川省教育厅. 四川省教育厅关于印发《地震灾区中小学教师心理康复教育培训计划》的通知. 川教〔2009〕89号.

② 四川省教育厅. 四川省教育厅关于组织参加教育部举办的援助四川地震灾区中小学骨干教师培训班的通知. 川教函〔2009〕434号.

4. 实施"四川地震灾区中小学校长管理能力提升培训项目"①

为推动地震灾区学校灾后重建"软件"与"硬件"同步提升，提升地震灾区中小学办学水平，根据党中央、国务院和省委、省政府关于地震灾区恢复重建工作的整体部署，结合四川省地震灾区当前实际，四川省教育厅于2010年5月正式启动"四川地震灾区中小学校长管理能力提升培训项目"，组织开展覆盖全省51个地震重灾县（含12个省认定地震重灾县）共4119名中小学校长管理能力提升培训活动，集中培训地震灾区中小学校长。培训内容包括办学理念、学校制度建设、校园文化建设、队伍建设、安全及常规管理、心理危机干预与抚慰等方面，以全面提升灾区学校校长整体素质与学校管理水平，实现灾区学校"软件"与"硬件"建设同步提高。

三、强化和落实灾区教师人文管理

四川省教育厅坚持以人为本，针对灾后教师队伍管理的实际情况，适时调整和完善灾区教师管理的系列措施，切实落实灾区教师待遇，解决灾区教师在生活、住房上的具体问题，改善灾区教师的生存条件，开展表彰奖励活动，弘扬新时期人民教师的高尚师德和无私奉献精神，鼓励他们积极投身抗震救灾、恢复教学、提高教育质量。

（一）落实灾区教师各项待遇

1. 保证灾区教师工资按时足额发放，结合本地实际，深化中小学学校分配制度改革，努力提高灾区教师的待遇。

2. 切实做好灾区教职工的工伤理赔、抚恤等工作。对符合申报追认烈士条件的，各级教育行政部门积极协助做好申报工作，切实体现党和政府、社会对光荣牺牲的教职工的哀悼和敬意。

3. 稳步推进灾区各级各类学校和教育事业单位人事制度改革工作。尤其在岗位设置管理工作方面，继续深入到学校开展调查研究，认真倾听教职工意见，保证岗位设置管理等教育人事制度改革工作的平稳顺利推进。

（二）抓好地震灾区教师的慰问工作

为大力彰显党和政府对灾区教师的关怀，四川省教育厅高度重视地震灾区教师的慰问工作。近两年，省教育厅多次派人深入地震灾区中小学校慰问教师，其

---

① 四川省教育厅. 四川省教育厅关于进一步加强地震灾区中小学教师（校长）队伍建设，提高办学水平的意见. 川教〔2010〕87号.

中，2009 年元旦、春节期间，派出 12 个慰问团分赴 15 个地震极重灾县、重灾县和一所受灾高校慰问教师近 500 人，发放慰问金 50 余万元；2010 年元旦、春节期间，派出 7 个慰问团分赴 14 个地震极重灾县、重灾县和一所受灾高校慰问教师 400 余人，发放慰问金 42.7 万元。同时，积极实施中小学教师绩效工资制度改革，切实提高地震灾区广大教师的经济待遇。

（三）适时调整职称评审政策

为实事求是地解决灾区中小学教师的实际困难和问题，进一步调动灾区广大教师的积极性，激励灾区教师为恢复重建提高教育教学质量作出新的贡献，巩固和保障地震灾区复学复课和恢复重建工作顺利进行，四川省教育厅对地震灾区中小学教师职称评审政策加以调整，对地震重灾区中小学教师评定职称给予了政策倾斜。

1. 凡在 39 个极重灾区县和重灾区县的中小学教师，以及汶川地震后其他县（市、区）去 39 个重灾县支教达一年的中小学教师，在职称评审时需进行答辩的均免于答辩。

2. 职称评审应提供的教师资格证书、学历证书等必备材料，凡因地震原因遗失而无法补齐的，本着实事求是原则，由本人、学校提供各类档案原始资料及相关证明后，经所在单位公示，并由县级教育行政部门认真审核盖章，即予认可。

3. 因地震影响，原已有计划安排，但未能按计划进行的市、县级优质课、公开课、研究课等，由县级教育行政部门审核后出具证明，即予认可。

（四）积极开展表彰奖励活动

在“5 · 12”特大地震发生之时，面对地动山摇，任何人的第一反应恐怕都是往安全的地方逃生，马上还会想到孩子、父母、家人在哪里。但是，有那么一批人，他们首先想到的是学生。烟尘滚滚、摇摇欲坠的教学楼中，一次又一次，他们用手拎、用肩背，将学生带离危险，甚至不惜用自己的身躯为学生撑起生的希望。而他们自己在地震中却失去了孩子，甚至是自己的生命……他们就是可敬可爱的人民教师，在大灾面前，践行了“为人师表”这一崇高的风范。

"52 名孩子，一个都不少"①

汶川地震发生时，彭州市红岩小学教师周汝兰正在幼儿园大班教室组织、守护午睡的52 名孩子。面临突如其来的地震灾害，周汝兰没有惊慌失措，没有离开孩子。她一面大声叫喊："孩子们，地震了，快往外跑！"一面组织孩子们往教室外跑。可是，部分孩子并没有被地震的剧烈摇晃和噼噼啪啪的瓦片掉落声惊醒，仍在酣睡之中。

周汝兰来不及多想，三步并作两步跑到熟睡的孩子身边，抓起两个孩子就往教室外跑。此时，得知消息的红岩小学校长陈显斌来了，其他教师也来了。周汝兰和大家一起，冒着房屋垮塌的危险，奋不顾身再次冲进教室，把一个一个熟睡的孩子救出教室。当周汝兰抱出最后一名孩子时，教室里已经被烟尘笼罩，被瓦砾覆盖了。这时，大地也晃动得更加厉害，连她自己也站立不稳，差点摔倒。陈显斌连忙跑过去，把周汝兰和孩子扶到了小操场中间的安全地带……

拖着疲惫不堪的身体，周汝兰清点了自己和同事们带出的幼儿：不多不少，一共52 双或天真、或惊恐的眼睛——52 名可爱的孩子！不久，陆陆续续有家长来接孩子。周汝兰亲手把孩子交给家长，并不断嘱咐家长：孩子受到惊吓，要好好照顾，要注意安全。家长没有按时接走的孩子，周汝兰就和其他老师一起，亲自把他们送回家。

展翼天使②

曾经有一段时间，有一种说法，映秀小学教师张米亚是折翼的天使。因为张米亚生前非常喜欢唱一首歌，"摘下我的翅膀，送给你飞翔"。而且，有人说，他抱住的孩子活了下来，而雄鹰的"双翼"已然僵硬，救援人员只得含泪将其锯掉，才把孩子救出。

英雄教师张米亚

其实张米亚的翅膀没有折掉。13 日下午，校长谭国强带着一帮人用10 多个千斤顶撑着，打通两米到一个废墟里。一位家长钻进

① 吉文昌，王真东，刘方．弘扬教师的职业道德［J］．教育科学论坛，2008（7）．

② 张泽科．用生命诠释大爱［J］．人民教育，2008（12）．

洞里，哭着出来说："有个老师像母鸡抱小鸡儿那样，护着3个孩子。"那位老师是张米亚。他仆跪在地，身体前俯，双臂已经僵硬，像雄鹰展翅般张开，紧紧搂着3个孩子，吴金怡、郭雯还活着。抢救的老师和当地百姓试图掰开张米亚护卫孩子的双手，救出还活着的孩子，却怎么也掰不开。有人含泪建议锯掉，但其中一个孩子的家长坚决不同意。他说，老师用生命保护了我们的孩子，一定要给他留个全尸！"要不是他护着我娃儿，我儿子早就死了。"后来，老师和家长还是想办法保全了张老师的双臂，救出了孩子。

生如夏花

5月13日深夜11点，龙居中心小学救援现场，天下着瓢泼大雨。救援官兵小心翼翼地搬开几块叠压在一起的水泥断梁，发现了一双粉红色的高跟凉鞋，小向老师的脚露出来了，当最后一块断壁被搬开时，官兵们惊呆了，一个面目全非的老师弓趴在地上，她的身子已经断成了两截，只有脚上那双漂亮的粉红色凉鞋，透露着青春的气息。而她的双臂呈大环抱状，双手紧紧搂着两个孩子，她的胸前，护着另一个孩子！这个人就是年仅21岁的向倩老师。

学生及家长自发悼念向倩老师

生死刹那间的过程，一下子展现在救援官兵们的眼前：在教学楼即将倒塌的那一瞬间，向倩突然发现教室后面还有3个学生，她立刻以百米冲刺速度冲过去，抓住3个孩子想冲回来，然而楼倒了，在断梁砸下来的那一刻，她把3个孩子一把揽进了怀抱里……

"啊！……"不知是谁悲怆地号叫了一声，接着便是强忍不住的闷声呜咽，救援现场的很多人一下拥上去。没有任何指令，官兵们突然一个个手拉起手，将外围其他人员隔离开，这个自发的动作，不仅是为了给这个一向爱美的小姑娘留下一点美丽的尊严。

"敬礼!"这些年轻的战士，大雨里集体齐刷刷举起右手，对一个可敬的教师表达军人最崇高的敬意！

2008年9月5日，四川教育系统抗震救灾表彰大会

在"5·12"汶川大地震中及震后，四川省教育系统广大教育工作者和一线教师积极投入抗震救灾，涌现出了一大批英雄人物。

灾区广大教师舍生忘死、英勇无畏、恪尽职守、顽强抗灾，用自己的血肉之躯拼死保护学生，灾后克服重重困难，积极开展复学复课，用鲜血和生命践行了人民教师的神圣职责，诠释了人民教师的高尚师德，谱写了人民教师的光辉赞歌，集中体现了新时期人民教师的光辉形象、时代精神和崇高师德风范，为夺取抗震救灾斗争的重大阶段性胜利做出了突出贡献。为弘扬伟大的抗震救灾精神，为鼓舞地震灾区广大教职工的士气，帮助他们树立重建家园的信心，鼓励抗震救灾优秀教师、优秀教育工作者留在灾区做出更大贡献，四川省教育厅建立了表彰奖励制度，深入学习宣传教育系统抗震救灾先进事迹和先进人物，建立师德高尚的教师队伍。

1. 通过多种形式，深入学习宣传教育系统抗震救灾先进典型事迹和先进人物

四川省教育厅发文要求灾区各地教育行政部门及时发现广大教师和教育工作者在抗震救灾和灾后重建工作中涌现出来的先进人物和先进集体，采取多种途径收集和整理典型的先进事迹材料。对收集、整理的先进人物、先进集体的先进事迹材料及时通过新闻媒体进行大力宣传，或适时组成先进事迹报告团作先进事迹巡回报告。同时，及时将收集、整理的先进人物、先进集体的先进事迹材料报地方党委、政府和省教育厅，并通过多种形式给予表彰、奖励。

在2008年教师节前夕，教育厅发文明确要求，"各地、各校要围绕教育部确定的今年教师节主题，统筹安排，精心组织，开展丰富多彩的教师节庆祝活动。

要通过多种形式，组织广大教师和教育工作者深入学习抗震救灾英模教师和师德标兵的先进事迹，学习抗震救灾英模教师英勇献身、顽强拼搏和自强不息的精神，把英模教师的先进事迹和崇高精神作为师德建设的重要内容和生动教材，号召广大教师一手抓抗震救灾工作，一手抓复学复课和提高教育教学质量，要继续克服困难、恪尽职守、奋力工作，为地震灾区重建、为促进我省教育事业及经济社会发展做出新的贡献。”“各地、各校要以庆祝教师节活动为动力，结合各地、各校实际深入总结并通过新闻媒体宣传改革开放 30 年教师队伍建设所取得的显著成绩，宣传优秀教师和抗震救灾英模教师先进事迹，增强广大教师教书育人的光荣感、责任感和使命感……”①

通过大力宣传、学习在抗震救灾和灾后重建工作涌现出的优秀教师、优秀教育工作者爱生敬业、舍己救人的先进事迹和他们危难时刻坚守岗位，忠于职守，不畏艰难险阻，奋力抢救学生的拼搏奉献精神，充分调动了广大教职工的积极性，进一步激励了广大教师、教育工作者积极投身到抗震救灾和灾后重建工作中去，为夺取抗震救灾最后胜利和尽快完成灾后重建工作作出更大贡献。

刘延东致四川省全体教师和教育工作者的贺信②

四川省全体教师和教育工作者：

金桂飘香，秋风送爽，值此全国各地热烈庆祝第 25 个教师节、喜迎新中国成立 60 周年之际，我谨代表党中央、国务院向你们表示节日的祝贺，并致以崇高的敬意和亲切的问候！

新中国成立 60 年特别是改革开放 30 年来，四川省广大教师和教育工作者认真贯彻落实党中央、国务院的方针政策，在各级党委、政府的领导下，忠于职守，默默耕耘，无私奉献，锐意改革，不断创新，为四川省和国家的经济社会发展提供了强有力的人才保障和智力支撑，作出了不可替代的重要贡献。

“5 · 12”汶川特大地震发生后，面对生死考验，灾区广大教师以高度的责任感和使命感，以顽强拼搏的精神，用关爱和责任为学生筑起了生命长城，用鲜血和生命践行了人民教师的神圣职责，诠释了人民教师的高尚师德，谱写了人民教师的光辉赞歌，向世人展示了人民教师的大无畏精神和崇高风范，弘扬了“万众一心、众志成城，不畏艰险、百折不挠，以人为本、尊重科学”

① 四川省教育厅. 四川省教育厅关于转发《教育部办公厅关于庆祝 2008 年教师节有关工作的通知》的通知. 川教函〔2008〕476 号.

② 四川日报. 2009－09－05.

的伟大抗震救灾精神，为全国的教师树立了光辉的榜样，赢得了全社会乃至全世界的普遍尊重和高度赞誉。

今天，经历了大灾考验的四川，在党和国家、在全国人民关心帮助下，正以奋发昂扬的姿态在灾后恢复重建的道路上奋勇前进。希望你们继续牢记使命，爱岗敬业，忠诚于党和国家的教育事业，忠诚于光荣的教师职责，满怀爱心，德艺双修，加强学习，拓宽视野，不断改革创新教育教学艺术和方法，切实承担起教育者的社会责任，在青少年的心中播下善良、智慧、勇敢、美丽、勤劳的种子，全力推进四川教育的恢复重建和改革发展，为四川乃至全国的经济社会发展作出新的更大贡献！

祝全体教师节日愉快、身体健康、工作顺利、阖家幸福！

刘延东

2009 年 9 月 1 日

2. 坚持把师德建设放在教师队伍建设的首位，深入学习贯彻《中小学教师职业道德规范（2008 年修订）》

四川省教育厅发文要求“各地、各校要组织学习宣传和抓好贯彻落实教育部发布《中小学教师职业道德规范（2008 年修订）》，要坚持把师德建设放在教师队伍建设的首位，结合实际制定实施办法，切实加强师德建设，努力建好人民满意的教师队伍。”① 要求地震灾区教育行政部门要鼓励广大教师继续发扬“万众一心、众志成城，不畏艰险、百折不挠，以人为本、尊重科学”的伟大抗震救灾精神，爱国守法、爱岗敬业、关爱学生、教书育人、为人师表、终身学习，继续克服困难、恪尽职守、奋力工作，为灾区复学复课和提高教育教学质量的双胜利作出新贡献。

3. 认真做好全省教育系统在抗震救灾工作中涌现出的先进集体、优秀教师的表彰工作

通过广泛搜集材料，认真核实情况，省教育厅先后向人力资源和社会保障部、教育部推荐先进典型。

① 四川省教育厅. 四川省教育厅关于转发《教育部办公厅关于庆祝 2008 年教师节有关工作的通知》的通知. 川教函〔2008〕476 号.

四川省教育系统荣获抗震救灾中集体、个人受表彰情况表

荣誉称号	数　量	颁奖部门
全国抗震救灾模范	7 人	中共中央、国务院、中央军委
全国抗震救灾英雄集体	7 个	中共中央、国务院、中央军委
教育系统抗震救灾英雄集体	11 个	人力资源和社会保障部 教育部
教育系统抗震救灾英雄	28 人	人力资源和社会保障部 教育部
教育系统抗震救灾先进集体	44 个	教育部
教育系统抗震救灾先进个人	126 人	教育部
教育系统抗震救灾模范集体	20 个	中共四川省委 四川省人民政府
教育系统抗震救灾模范	35 人	中共四川省委 四川省人民政府
革命烈士	3 人	四川省人民政府
教育系统抗震救灾优秀教师	164 人	中共四川省委教育工委 四川省教育厅
教育系统抗震救灾优秀教育工作者	85 人	中共四川省委教育工委 四川省教育厅
教育系统抗震救灾优秀先进集体	116 个	中共四川省委教育工委 四川省教育厅

同时，积极组织 1 名抗震救灾英雄教师、2 个抗震救灾英雄集体参加了全国抗震救灾英模报告团宣讲抗震救灾先进事迹。

在师资重建过程中，我们始终坚持以人为本，体现“三个坚持”：一是坚持把师资重建放在地震灾难这一特殊现实背景，认真分析和掌握灾后师资重建不同阶段的特殊矛盾和问题并予以解决。二是坚持把师资重建置于教育改革发展的时代背景下，充分考虑教育改革发展对师资建设提出的新要求，整体规划和积极推进灾区师资重建工作。三是坚持遵循教师队伍建设的内在规律，通过多种形式、采取多种措施努力构建一支“师德高尚、业务精湛、结构合理、充满活力的高素质专业化灾区教师队伍”，推动四川省灾区教育事业又好又快发展。

第八章　灾后教育重建中的制度安排

制度是灾后教育重建的重要保障，有效的应急机制、科学的重建制度对灾后教育重建的组织和实施起着重要的规范、指导、激励等作用。千头万绪的救灾和重建工作，不断出现的新情况、新问题更需要教育系统以适时的制度修复、建设和创新为保障，从而有力、有序、有效推进灾后教育重建各项工作。四川省教育厅以《汶川地震灾后恢复重建条例》为指导，按照中共四川省委、省政府的要求，建立了系统应急指挥机制、信息报送发布制度等应急机制和保障制度，将抗震救灾和灾后教育恢复重建各项工作制度化，为灾后教育重建提供了有力的组织和制度保障。

一、完善教育系统应急指挥机制

地震发生后，四川省教育厅迅速建立了组织、指导全省教育系统抗震救灾、抢险救人的应急指挥机制，形成了领导有力、组织有序、统筹协调、重点突出、运行高效的组织机构，有效统筹全省教育系统各方面力量和资源，及时、科学地指导和组织全省教育系统的抗震救灾和灾后教育重建工作。

（一）强化领导，统一指导

“5·12”特大地震灾害发生当日，四川省教育厅立即成立了以厅长为组长的“抗震救灾工作领导小组”，统一指导全省教育系统抗震救灾工作①。

2008 年 5 月 14 日，省教育厅成立了“学校抗震救灾防病救助工作领导小组”，下设办公室，并要求各市、州教育局和普通高校也成立相应机构，负责抗震救灾防病救助的日常工作②。

2008 年 5 月 18 日，省教育厅成立了“灾后中小学安全复课工作组”，统一指

---

① 四川省教育厅办公室关于成立四川省教育厅抗震救灾工作领导小组的通知．

② 四川省教育厅关于加强学校抗震救灾防病救助工作的紧急通知．川教电〔2008〕39 号．

导全省灾区中小学的复学复课工作[①]。

2008 年 6 月 6 日，省教育厅成立了“四川省教育厅学校恢复重建工作领导小组”，下设办公室，落实了工作机构，逐一分解任务，明确工作职责。省教育厅领导牵头组成 8 个工作组，分别定点联系、指导全省 13 个市、州 51 个重灾县的学校恢复重建工作。

以上应急指挥机制的建立，为全省教育系统抗震救灾和恢复重建工作提供了领导机构和组织保障，保证了抗震救灾和恢复重建工作的积极、科学、高效开展。

四川省教育厅厅长涂文涛（右二）深入绵竹极重灾区视察灾情

（二）加强协调，各司其职

在抗震救灾和恢复重建过程中，四川省教育厅统筹协调，各部门协同作战，各司其职，实现了系统的高效运行。

2008 年 5 月 12 日成立的“抗震救灾工作领导小组”分设信息联络、救灾应急、后勤保障、高考应急、宣传教育、机关内保服务等组，分别定点联系指导全省 13 个市、州 51 个重灾县的学校恢复重建工作，由省教育厅各位领导协同各处室各负其责，有序开展抗震救灾的各项工作。

2008 年 5 月 14 日，四川省教育厅下发《关于加强学校抗震救灾防病救助工作的紧急通知》（川教电〔2008〕39 号），要求落实“教育厅各处室主要负责人为

① 四川省教育厅关于成立灾后中小学安全复课工作组的通知．川教函〔2008〕248 号；四川省教育厅关于切实做好灾后中小学安全复课工作的通知．川教电〔2008〕45 号．

抗震救灾防病救助工作第一责任人，各市、州教育局及各学校‘一把手’为第一责任人，市、州教育局行政部门和学校相关部门应承担和完成相应的抗震救灾防病救助的各项工作任务”的责任制度，使抗震救灾防病救助工作做到了各级职责明确、上下戮力同心。

5 月 18 日成立的“灾后中小学安全复课工作组”对复学复课各项工作做了明确分工：有牵头处室和负责人，有对心理咨询专业人员的组织、教师的培训、学生学习用具和教材的配置、各重灾区复课校点的联系，以及后勤保障及宣传等工作的明确分工和责任落实。

（三）突出重点，总体统筹

1. 审时度势，抓住重点

四川省教育厅根据抗震救灾和恢复重建不同阶段的实际情况和具体问题，审时度势，抓住工作重点，及时有效地解决了一系列重要问题。

安全第一，珍爱生命。地震灾害发生后，灾区学校环境和卫生受到极大破坏，学生生活和学习环境受到污染，卫生基础设施损毁严重，卫生防疫与食品饮水卫生安全形势十分严峻，夏季气温的升高和雨季的到来对卫生防疫与食品饮水卫生安全带来了更为严峻的考验。

在此情形下，省教育厅先后下发《关于加强学校抗震救灾防病救助工作的紧急通知》（川教电〔2008〕39 号）和《地震灾区学校卫生防疫与食品饮水卫生安全应急处置办法及工作要求》，按照省抗震救灾指挥部“大灾之后防大疫”的要求，建立了各级责任人制度、学校灾情及救助等情况“零报告”制度、学校晨检缺课缺勤登记报告制度、住校生管理制度、校园清洁等制度，及时采取了一系列有效保障灾区师生生命安全的措施，有效地实行链式防控，以清除危险源，阻断灾害链，最大限度地防范和减少了灾害损失，维护了灾区学校安全和稳定的环境。

心理援助，重塑精神。“5·12”特大地震不仅给灾区师生的生命及财产带来了巨大的损失，而且在师生心灵上造成了不可抹去的创伤。有关专家和社会各界志愿者，在灾区实施了我国灾难救援史上第一次大规模的心理救助活动。但逐渐增多的无序行为也带来了一些影响学校抗震救灾工作的消极因素。

为此，省教育厅于 5 月 21 日印发《灾后学生心理援助指导意见》，从心理援助的任务、心理援助队伍的筹建、心理援助人员的工作要求、心理援助工作的实施原则四个方面做出了具体规定，为科学、有序、规范地进行学生心理援助，帮助学校复课和重建提供了具体可操作的制度保证。

复学复课，服务社会。抢险救灾工作告一段落后，灾区各地学校的主要任务便转变为开展积极稳妥的复学复课。鉴于全省各地学校受灾情况、师生生命及心理状况等巨大差异和学校教育教学工作重新开展所面临的不同困难，省教育厅及时抓住灾区中小学复学复课这一主要问题，统筹规划，对灾区学校复学复课提出了具体的要求，采取就地复课、异地复课等有效措施，确保灾区及时、安全地复学复课。截至 2008 年 9 月 1 日，灾区学校实现了全面复课。朗朗的读书声昭示着灾区抢险救人工作取得了决定性胜利和学校恢复重建的开始。

省教育厅根据四川省人民政府《关于我省 2008 年普通高考的通告》精神，果断做出了 6 个重灾区中受灾严重的 40 个县（市、区）延期举行普通高考、取消我省 2008 年普通高考外语科听力考试的决定。2008 年高考得以顺利实施，并取得了良好的社会效益。

保障师资，重铸基石。省教育厅制定了《四川省地震灾区复课师资保障工作方案》，要求从灾区和非灾区各市、州选派支教校长、学科教师、心理辅导专业教师，明确了灾区学校在校长、各类师资及志愿者等方面的需求数量、遴选招募途径和条件，还对师资培训、调配、待遇及管理提出了具体的办法，以系统化的思考为灾区学校复学复课提供了人力资源的制度化保障。

2. 全面统筹，总体安排

为了恢复灾区学校教育教学工作的常态，2008 年 6 月 11 日，中共四川省教育厅党组印发《全省教育系统抗震救灾安置阶段的总体工作安排意见》（以下简称《意见》），要求各地、各高校以复学复课为重点抓好抗震救灾各项工作，切实抓好师生安置、对口支援、重建规划、家长善后、高考应急、卫生防疫、心理援助和救灾资金物资监管等重点工作。《意见》以制度化的总体工作安排，系统思考并统筹了灾后教育恢复重建的各项具体工作，为灾后学校教育从抗震救灾、抢险救人及时过渡到恢复重建奠定了组织制度和工作机制基础，真正做到了组织有力、制度健全、执行有效。

为了加快推进学校灾后恢复重建，四川省教育厅根据国务院《汶川地震灾后恢复重建总体规划》，及时制定了《关于实施汶川地震灾后学校恢复重建规划的意见》（川教〔2008〕317 号），明确提出了“坚持科学重建，振兴四川教育”的指导思想，确定了学校恢复重建的具体目标，并采取系列措施确保完成任务：一是明确灾后学校恢复重建的责任主体、实施主体和工作主体，要求各地建立领导机构和责任制度，并定期考核。二是加强分类指导，省教育厅分别召开了重灾区、非重灾区、高校恢复重建工作会议，要求各地各学校坚持建设规范，坚持勤俭办学，坚决反对超标准和不符合实际的豪华建设。三是优化学校布局，在调查研究的基础上提出了推进高、初中分设的明确要求，原址部分重建和未受灾学校，按照“成熟一所、分设一所”的原则坚决推进；新增资源、新建普通高中一律实行单设，绝不能再建完全中学。四是加强资金监管。学校建设项目实行地方政府统一组织建设、统一管理、统一招标、统一采购、统一监管和验收。

走在全省前列的教育灾后重建工作①

12月9日，四川省副省长黄彦蓉来到省教育厅调研。她说："省教育厅及全省教育系统广大干部职工众志成城，在抗震救灾中做出了巨大贡献，教育灾后重建工作走在了全省前列。"

距离汶川大地震已经七个月了。七个月来，四川省教育厅广大干部职工一直在默默地付出，用真情和责任感守护着孩子们的明天。他们承受着巨大的压力，不负党的使命，在最艰难的时刻成为灾区师生值得依靠的坚强后盾！

不分上下班　交给你的任务必须完成！

"5·12"特大地震发生后，四川省教育厅反应迅速，高效运转。

5月12日晚上，通讯联络中断。省教育厅迅即成立教育系统抗震救灾工作领导小组，并下设信息联络组、救灾应急组、后勤援助组、高考应急组、宣传教育组、机关内保服务组等六个组，各组由相关厅领导任组长。

当晚，各地情况不明，省教育厅果断派出由众位厅领导带队的四个工作组，连夜深入都江堰、德阳、绵阳等重灾区，实地察看学校受灾情况，掌握第一手资料。在此基础上，迅速发出一系列紧急通知和指令，指挥灾区学校自救和互救。

5月13日上午，省教育厅召开机关干部大会，严明工作纪律，确保应急指挥及时通畅和协调高效。

随后，省教育厅紧急下拨专项资金6570万元，动员全省教育系统干部职工捐款9235.45万元，捐赠价值3004.56万元的物资支援灾区。与此同时，发挥高校优势，迅即组建医疗救护、心理援助、房屋勘查、地质灾害评估、治安维护等志愿者队伍836支，派出5.55万名师生深入重灾区开展救助和服务工作。

在紧急的抢险救人阶段，省教育厅的领导们率领各处（室）、各单位干部先后数十次深入各重灾区学校了解灾情，看望师生，指导救灾工作。

那段时间，整个教育厅都是不分上下班，人人都绷紧了一根弦。领导交给你的任务必须完成，只问结果，不管过程。

山高人为峰　顺利攻克了"三座大山"

抗震救灾进入群众安置阶段后，省教育厅当即作出决策：突出"学校学

① 李益众．默默付出 真情守护——四川省教育厅机关抗震救灾恢复重建纪实［N］．教育导报，2008－12－23．有删节．

生安置”、“复学复课”、“高考应急”三大重点，同时抓好其他各项工作。

师生安置，关系到整个灾区的和谐稳定。截至8月25日，在省教育厅督导办、职成处等处（室）的协调下，省内学校累计安置学生五万余名；灾区七千多名中小学生、三千余名中职学生有组织转移到省外；在省内成建制异地安置阿坝州中小学生一万余人。

复学复课，是党中央、国务院高度关注的重大政治任务。省教育厅基教处、民教处、高教处等相关处（室）全力以赴、千方百计，克服各种困难，最终完成这一艰巨的任务。有人说，地震灾难给孩子们带来巨大的身心创伤，但复课却给了他们重新展翅飞翔的希望。

安全高考，牵动着亿万人民的心。在震后短短五天时间内，四川省招生考试院制订了重灾市（州）延期高考的应急方案和工作预案，采取特殊措施，狠抓高考用房安全，确保试卷安全，综合治理考试环境。余震不断、次生灾害时有发生，就是在这样的情况下，省教育厅克服重重困难，完成了中国高考史上史无前例的二次高考。

山高人为峰。在短短三个多月的时间内，四川省教育厅全体干部职工劲往一处使，顺利攻克了学生安置、复学复课、高考应急“三座大山”。在震后初始，很多人都说，这三项任务几乎是不可能完成的。

地震后，省教育厅监审处、教育基金会、后勤产业处健全制度，规范程序，强化监督，确保了捐赠物资和资金及时安排调拨灾区学校；省教育厅办公室组织报送抗震救灾信息220余期；宣思处及时部署宣传工作，组织抗震救灾英雄报告会；人事处、组干处、基教处等处（室）整理上报先进典型；四川教育报刊社、四川教育电视台、四川教育网及时报道，大力宣传英雄模范的感人事迹和教育战线抗震救灾成效。

夺取“双胜利” 恢复重建和教育改革同步进行

新学期后，省教育厅提出：要夺取抗震救灾恢复重建和教育改革发展双胜利！“全省教育系统抗震救灾工作取得的重大成果，为争取全面胜利奠定了坚实的基础。”四川省教育厅有关领导深刻认识到，我们必须清醒看到抗震救灾、恢复重建的任务还非常艰巨，形势还非常严峻，为夺取抗震救灾、恢复重建的胜利，我们还必须付出巨大的努力和智慧。

进入恢复重建阶段后，由省教育厅计财处牵头，抽调技装处、电教馆等单位精干人员组建专门班子，集中力量开展灾后学校恢复重建规划编制工作。

四川省39个重灾县共有3340所学校需要恢复重建。截至2008年12月15日，已有在建学校1386所，占规划学校数的41.5%，已完成恢复重建的学校201所，占规划学校数的6%。规划项目总投资487.5亿元，已落实资金128亿元。

明年及今后一段时期，省教育厅将加快实施灾后学校恢复重建项目，确保在2009年9月前，全省完成规划总投资的70%。同时，推动各级各类教育协调发展，努力实现四川教育的恢复、发展和振兴。

二、落实对口援建、定点结对帮扶制度

2008年6月11日，国务院办公厅印发《汶川地震灾后恢复重建对口支援方案》（以下简称《方案》），确定建立灾后恢复重建对口支援机制。《方案》确立了"坚持一方有难、八方支援，自力更生、艰苦奋斗的方针，承担对口支援任务的有关省市积极为灾区提供人力、物力、财力、智力等各种形式的支援"、"一省帮一重灾县"等原则，掀起了由中央统筹协调，组织东部和中部地区省市支援地震受灾地区的全国性抗震援建热潮。

在国务院统筹安排下，山东等18个省市分别对口支援四川省北川等共18个县（市、区）。此后，海南省主动要求加入对口援建行列，对口支援对象是宝兴县。

援建省市及其对口支援的灾区县（市、区）

援建省（市）	山东	广东	浙江	江苏	北京	上海	河北	辽宁	河南
对口支援的灾区县（市、区）	北川	汶川	青川	绵竹	什邡	都江堰	平武	安县	江油
援建省（市）	**福建**	**山西**	**湖南**	**吉林**	**安徽**	**江西**	**湖北**	**重庆**	**黑龙江**	**海南**
对口支援的灾区县（市、区）	彭州	茂县	理县	黑水	松潘	小金	汉源	崇州	剑阁	宝兴

《方案》是党和国家"以人为本，科学发展"治国方略的具体体现，是伟大祖国面对大灾大难特事特办的坚强意志的直接显现，是社会主义制度优越性的体现。《方案》的出台，体现出党和国家"举全国之力，加快地震灾区灾后恢复重建，并使各地的对口支援工作有序开展"的坚定决心，展示了党和国家科学引领灾后重建的领导智慧，其总体部署和具体安排，为四川省灾后教育重建对口援建模式的产生奠定了坚实的政策基础。

四川省教育厅认真贯彻落实全省抗震救灾安置阶段工作的总体部署和教育部

《关于做好教育系统灾后恢复重建对口支援工作通知》精神，建立并健全了相关的工作机制、组织保障，有效规范了四川省教育系统的对口援建工作。省教育厅还及时制定相关办法、措施，科学统筹四川省各非灾区市州教育行政部门、各级教研机构和高校对灾区市、州的定点结对帮扶，充分发挥了教育行政部门、各级教研机构和高校在教育管理、教育研究和心理健康教育等方面的专业优势，让灾区市、州深切感受到了省内兄弟市、州间的手足情谊，极大促进了灾后教育重建工作的深入开展。

崭新的汶川县第一中学

（一）保障对口援建机制有效施行

1. 四川省教育厅的统筹安排

四川省教育厅认真落实教育部关于做好教育系统灾后恢复重建对口支援工作的有关部署，贯彻四川省人民政府办公厅印发的《汶川地震灾后恢复重建对口支援实施意见的通知》精神，在四川省“5·12”抗震救灾指挥部和下设的“灾后恢复重建对口支援组”的统筹、指导和监管下，在省对口支援办公室的协调下，积极开展全省教育系统的灾后恢复重建工作。

2008年5月30日，四川省教育厅印发《关于切实做好接受援建学校工作的通知》（川教函〔2008〕266号），就受援地区和受援学校确定，联系、沟通援建方并共同研究援建方案，以及履行相关手续等问题做出了明确的规定。

2008年6月19日，四川省教育厅印发《关于教育系统灾后恢复重建对口支援工作指导意见》，确立了受援地区为对口支援工作的责任主体，在省教育厅对口援建工作协调联络组的协调、指导下，确定了四川省教育系统灾后恢复重建、对口支援的主要工作，并就做好以上工作提出了三项要求：

第一，积极争取对口省（市、区）提供各方面的支持和帮助，着力做好全面推进灾区学校复学复课，安排好灾区师生的暑期活动，有序做好学生安置就学等工作，重点抓好中等职业教育对口支援；

第二，积极争取对口支援的省（市、区）帮助，做好学校科学选址、合理布局，尽快完成重建规划的编制等工作。

第三，各受援县（市）要把教育对口支援纳入当地对口支援的总体安排，积极争取社会各界对恢复重建的支持和援助；援建单位要按照省上统一部署，做好省内对口支援工作，保证恢复重建各项工作有力、有序、有效开展。

2. 各灾区县（市、区）的具体落实

在中共四川省委、省政府的统一部署下，在四川省教育厅的直接指导下，四川省各灾区县（市、区）积极将接受对口援建，促进灾后教育恢复与重建工作落到实处。在工作中努力做到责任主体明确，援受双方讯息沟通畅达，重建评估科学，统筹规划，科学重建，互惠合作发展。

例如，汶川县自对口援建工作开展之初，就注重运用制度建设对教育对口援建进行整体规划，该县人民政府办公室印发《汶川县灾后恢复重建接受对口支援初步实施意见》① （以下简称《实施意见》），按此《实施意见》从县发改委、财政局等部门抽调专人在广东设立对口援建办公室，建立对口援建联席会议制度，同时，恳请广东省在汶川县设立综合援建办公室。《实施意见》要求积极开展前期工作，及时主动加强与广东省、四川省、阿坝州有关方面的沟通衔接，编制对口支援方案，明确对口支援的指导思想、主要内容和有效方式，尽快启动一批与灾区群众生活密切联系的公共服务设施项目和具有先导性作用的基础设施项目。《实施意见》提出了教育方面的具体对口援建规划：全县 13 个乡镇规划建设各类学校 22 所，其中完全中学 1 所（威州中学）；普通完全高中和职业技术兼用学校 1 所（漩口中学）；农村初级中学 2 所（桑坪中学和水磨中学）；小学 13 所，其中 12 个乡镇每个乡镇 1 所，县城实验小学 1 所；特殊儿童教育学校 1 所；学前教育学校 2 所（汶川县幼儿园和映秀幼儿园）；教师培训中心 1 所；九年制一贯学校 1 所（耿达学校）。同时，为促进汶川县学前教育的快速发展，推进全县教育事业均衡发展，每所中心小学（映秀和县城所在地除外）规划幼儿教育设备设施。项目建设请求广东对口支援资金 128897 万元。

各灾区县（市、区）对对口援建的具体落实措施，极大地推动了当地的教育重建工作。在国家主导，对口援建省市及四川省灾区各级地方党委、政府的统筹协调和广大教育工作者的具体落实下，具有中国特色的赈灾方式——对口援建在

---

① 汶川县人民政府办公室关于印发《汶川县灾后恢复重建接受对口支援初步实施意见》的通知. 汶府办发〔2008〕58 号.

“5 · 12” 汶川特大地震抗震救灾及灾后教育恢复重建过程中，起到了巨大的支撑作用，取得了令世界瞩目的成就。

3. 对教育对口援建机制和制度的创新发展

四川省灾区各级政府和教育行政部门积极配合对口援建省市的教育支援工作，遵循国务院《汶川地震灾后恢复重建条例》所规定的“受灾地区自力更生、生产自救与国家支持、对口支援相结合”的原则，坚持“硬件”与“软件”相结合，“输血”与“造血”相结合，当前和长远相结合，深入贯彻一方有难、八方支援，自力更生、艰苦奋斗的方针，灾区教育在充分体会对口援建机制所带来的硬件条件跨越式发展优势的基础上，更加认识到自身软实力的提升对硬件优势作用发挥的重要性，努力从教育整体发展规划、学校办学特色凸显、教师专业发展路径拓展、校园文化重构等方面入手，积极探索援受双方教育教学科研、学校管理和师资队伍建设交流以及特色教育教学资源建设与共享等方面的机制，在制度修复、重建和创新中充分发挥我省广大教育工作者的积极性和主动性，丰富和发展了对口支援的内容和具体操作模式，形成了一道“中国式赈灾①”的独特风景线。都江堰市的灾后教育重建则在上海市的对口支援中不断创新机制，努力通过各种长效机制的建立，实现教育型态和教育水平的现代化，在都（蓉）沪合作的基础上，寻求自主发展之路，开出了灾后教育重建的一朵朵鲜艳的花朵。

都江堰市以制度创新引领灾后教育重建和现代化发展②

2008 年 5 月 12 日，震惊世界的特大地震灾害，给都江堰市造成了严重的人员伤亡和巨大的财产损失。都江堰教育浴火重生，努力通过合作共建、制度创新，实现灾后都江堰教育跨越式发展。

一、对口支援机制：重构教育型态，实现灾后教育高水平均衡化

按照国务院《汶川地震灾后恢复重建对口支援方案》（国办发〔2008〕53 号）规定，上海市对口援建都江堰市。上海市认真贯彻落实国家关于灾后恢复重建有关工作要求，始终将解决当前实际困难和着眼长远发展相结合，注重援建项目充分符合灾区建设的长远科学规划。支受援双方构建了全面对接、运转协调、推进有力的援建工作机制。项目实施过程中，通过联席会议制、工作责任倒查制、项目联系制、结对帮扶等对接机制，双方全力以赴，共同推动对口支援工作。

---

① 初雪. 对口援建：中国式赈灾［J］. 四川党的建设：城市版，2008，（8）：12 – 13.

② 都江堰市教育局，成都市教科院，上海市教委教研室. 以制度创新引领灾后教育重建和现代化发展——都江堰市灾后教育重建与现代化发展的探索与实践［J］. 教育科学论坛，2009，（9）：73 – 75. 有删节.

灾后重建为都江堰市按照教育现代化需要重构教育型态提供了有利条件。都江堰市灾后重建力图重构教育型态，优化教育布局，制订了《都江堰市教育灾后恢复重建规划方案》，对全市学校校点布局和建设规模作了全面调整，使市域内各级各类教育能够充分满足广大居民子女接受优质、多样教育的需求。

震前，都江堰市基础教育共有公办学校92所。震后，通过折并农村中小学校、整合城区学校资源、调整普教职教学校布局，将小学、初中、高中、九年制义务学校、职业学校、幼儿园、特殊教育学校调整合并为60所。重建学校实行政府整体规划，设计要求高，施工质量过硬，全部达到抗震8度标准。在灾后重建中，注重以信息化建设促进教育现代化，通过信息化基础设施、教育资源建设，使现代信息技术迅速普及，为教育个性化、终身化和国际化提供保证。设备设施配置高起点、高标准、全覆盖，将使城乡之间、区域之间、学校之间的办学条件真正实现均衡化，为都江堰教育现代化发展奠定了坚实的基础。

二、长效合作机制：全方位多层次合作，加快促进教育内涵发展

在灾后教育重建中走在前面，不仅要全面实现硬件水平的跨越，更要注重教育的内涵发展、软硬并举，全面实现教育现代化。为此，都江堰市与上海市建立起区域全面合作关系，建立了多层次合作交流的长效机制，启动了都江堰教育史上前所未有的深度和广度合作。

上海市教委教研室与都江堰教育局教研室建立长效合作关系

（一）与上海市建立校对校的合作关系

逐步建立了上海市与都江堰市校对校的对口帮扶长效机制，从 2008 年 8 月起到 2009 年 9 月，都江堰市 19 个乡镇的中小学将与上海市的 19 个区县中小学学校全面签订对口支援协议。同时，华东师范大学对口帮扶都江堰外国语学校，上海七宝中学对口帮扶都江堰中学。“点对点”帮扶机制，可以使学校根据自身发展需要，选择与自己办学理念、办学方式相近的学校开展密切合作，在相互借鉴交流中促进学校的发展。

（二）与上海市教育委员会教学研究室建立合作关系

都江堰市教育局与上海市教育委员会教学研究室签订了为期 3 年的合作协议。合作的主要内容有：交流教研工作经验，共同举办教研交流活动，交流教研信息，联合进行课题攻关等。2009 年 4 月，都江堰市教育局和教研室干部、教研员参加了上海市对黄浦区的教学视（督）导活动；上海市教委教研室 10 名资深教研员到都江堰市作课程改革报告，开展教研交流、听评课活动，对促进教育教学改革发挥了十分重要的作用。

（三）成都市教科院与上海市教育委员会教学研究室在职业教育领域开展合作

成都市教科院与上海市教育委员会教学研究室签订了为期 3 年的职业教育合作协议，共同推动职业教育的发展。合作的主要内容有：交流职业教育发展经验；开展教研工作交流；互派校长、教师到对方开展教学管理及学科教学交流活动；双方共同加强对都江堰市职业学校教育改革、教育发展的指导，加强师资培训，促进都江堰市职业教育的现代化发展；交流教研信息；联合组织申报和实施科研课题，进行教研工作专题攻关等。

上海市支教教师为都江堰市学生上课

（四）与上海市教委建立师资队伍建设合作关系

2008年10月，与上海市签订了都江堰中小学骨干教师研修项目计划。计划主要包含以下内容：都江堰普通中小学以及职业学校数百名骨干教师（含管理者）分批到上海培训学习、跟岗研修；上海选派骨干教师到都江堰19个乡镇的中小学支教；上海市教委选派年轻干部到都江堰市教育局挂职；委托华东师范大学对都江堰全体中小学班主任、政教主任进行心理疏导方法的培训；建立网络培训平台，都江堰的教育行政管理人员、教师将与上海市教育专家、优秀教师开展网上交流或培训。

2010年4月1日，都江堰市赴上海接受培训的骨干教师参加高级研修班结业典礼

（二）出台定点结对帮扶办法措施

1. 制度化推进省内对口支援工作

四川省教育厅结合全省教育系统实际，认真组织实施、制度化推进四川省人民政府办公厅下发的《汶川特大地震灾后恢复重建省内对口支援实施意见》（川府办发电〔2008〕85号）中确立的市（州）对口支援重灾乡（镇）对口支援机制，多次以省教育厅下发文件形式调查全省灾区学校硬件损毁、师资空缺、教学资源需求等方面的具体情况，制定具体办法、措施，积极组织全省13个非灾区和轻灾区定点各帮扶13个重灾县（市、区）的1个重灾乡镇，帮助备齐基本教育教学设备和学生寄宿所需的基本生活设备设施，从非灾区和轻灾区选派灾区所缺的专业教师。制定《关于灾区复课学校教育教学工作指导意见》，竭尽全力将校舍严重损毁学校的学生迁移到支援市、州，开展异地复学复课。

2. 建立教育系统智力定点帮扶机制

四川省教育厅选派全省各非灾区和轻灾区教育行政部门、教研机构和高校的教育管理、教育研究和心理健康教育专家到各灾区市州的县（市、区）挂职，定点帮扶灾区教育，并将这些举措制度化，为灾区教育重建提供了多种形式的智力支援和制度保障。

3. 建立心理辅导与心理健康教育工作长效机制

四川省教育厅在地震灾区校园硬件设施全面恢复重建过程中，高度重视并加强恢复重建心理及健康等“软”的方面的建设，积极采取有效措施，广泛开展灾区师生的心理辅导和心理健康教育工作.

四川省教育厅于2009年3月6日下发《关于进一步加强地震灾区中小学教师心理辅导与心理健康教育工作的通知》（川教〔2009〕50号），制定了明确的工作目标，要求建立地震灾区学校师生心理辅导与心理健康教育工作的长效机制。为保证工作目标的实现，还专门制定了省内高校结对帮扶灾区市、州的办法及措施，对结对帮扶工作做了具体的部署和安排，从组织领导、科研立项、经费保障、网络咨询、宣传工作等方面提出了结对帮扶的具体要求。

2010年6月22日，四川省教育厅再次就灾区中小学心理健康教育对口援助工作召开专门工作会议，四川省教育厅下发《关于进一步加强灾区中小学心理健康教育对口援助工作的通知》（川教〔2010〕114号），进一步明确了对口援助单位，将对口受援单位在明确到市（州）的基础上，进一步明确到了39个地震重灾县（市、区）；进一步明确对口援助的要求，从对口援助实施方案的制定、工作部门的明确和专业人员的落实、工作实践与科学研究的结合、经费物资等工作条件的保证、信息的沟通等方面对援助高校提出了明确的工作规范和措施。

三、建立信息报送发布制度

准确、全面、及时地掌握灾区的信息，是灾后决策和重建行动的基础和依据，也是全社会各界人士关心、关注的焦点和热点。为规范灾后有关信息的报送，及时准确地掌握全省教育系统灾情，科学决策，指挥教育系统抗震救灾和灾后教育重建工作，为让社会各界及时、客观地了解灾区发生的真实情况，正确引导舆论，营造良好的社会氛围，维护社会稳定，激发人民群众抗震救灾的热情，凝聚力量，四川省教育厅建立了信息报送发布制度。

（一）建立信息上报制度，及时获取灾区学校信息

《中华人民共和国防震减灾法》（以下简称《防震减灾法》）① 第三十一条规定：“地震灾区的各级地方人民政府应当及时将震情、灾情及其发展趋势等信息报告上一级人民政府；地震灾区的省、自治区、直辖市人民政府按照国务院有关规定向社会公告震情和灾情。国务院地震行政主管部门或者地震灾区的省、自治区、直辖市人民政府负责管理地震工作的部门，应当及时会同有关部门对地震灾害损失进行调查、评估；灾情调查结果，应当及时报告本级人民政府。”

遵照《中华人民共和国防震减灾法》的有关规定，为及时获取四川省各地灾区教育系统内部受灾及救灾情况，有效组织和指导四川省教育系统的抗震救灾工作，并为四川省人民政府及有关部门的信息收集和灾情评估、救灾决策服好务，地震发生当天，四川省教育厅即下发了《关于做好当前学校抗灾救灾工作的紧急通知》，要求各市、州教育局、各高等学校“加强信息和值班工作，有重大情况及时报告”。

2008 年 5 月 14 日，四川省教育厅下发《关于加强学校抗震救灾防病救助工作的紧急通知》（川教电〔2008〕39 号），要求各市、州教育局，各普通高等院校上报应急工作安排。

2008 年 6 月 3 日，省教育厅下发《地震灾区学校卫生防疫与食品饮水卫生安全应急处置办法及工作要求》，要求各灾区教育行政部门和学校“加强对地震灾后易发传染病的监控”，“及时了解或通报灾区的传染病情况。认真做好学校传染病和群体性食物中毒监测和信息上报”，“建立 24 小时值班制度和‘零报告’制度”。

在抢险救人告一段落之后，为实现灾区中小学的安全复学复课，四川省教育厅还在 2008 年 5 月 18 日下发《关于成立灾后中小学安全复课工作组的通知》（川教函〔2008〕248 号），要求各地上报其灾后安全复课情况、困难和问题，并要求当天上报安全复课重要工作、重大措施及新进展等。

同月 26 日，四川省教育厅下发《关于高三复课工作的通知》（川教函〔2008〕261 号），要求各重灾区市、州教育行政部门“把组织高三学生复课作为当前复课工作的重点，尽快摸清情况”，“尽快制定本地高三学生复课计划并组织实施”。并限时上报复课计划、未复课人数及所需物资等信息。

为确保 2008 年 9 月 1 日灾区学校全面复学复课，省教育厅及时以文件形式要求各地摸清受灾地区现有教师和学生的数量和现有教师余缺等情况；要求各地精

① 1997 年 12 月 29 日第八届全国人民代表大会常务委员会第二十九次会议通过，1997 年 12 月 29 日中华人民共和国主席令第 94 号公布，1998 年 3 月 1 日起施行.

心测算并做出本地复学复课对活动板房，校舍维修加固，桌椅、黑板、学生用床等的需求计划和教师需求计划，以及复学复课具体时间计划，实行完成情况定期上报制度。

省教育厅还要求灾区教育行政部门“及时将收集、整理的先进人物、先进集体的先进事迹材料报地方党委、政府和省教育厅，并通过多种形式给予表彰、奖励”，以此“充分调动广大教职工积极性，进一步激励广大教师、教育工作者积极投身到抗震救灾和灾后重建工作中去”。

在实施灾后学校恢复重建规划过程中，四川省教育厅还下发《关于实施汶川地震灾后学校恢复重建规划的意见》（川教〔2008〕317 号），要求各市州教育行政部门和有关高等学校建立规划实施情况报告制度。并要求各市州教育行政部门和省属高校从当年 11 月开始，于每月 28 日前将本地和学校上月规划实施情况书面报告省教育厅。同时，实行灾后恢复重建重要数据日报和周报制度。

以上信息上报制度的建立，不仅使应急阶段的抗震救灾工作真正做到了以人为本、生命至上、有的放矢，而且使复学复课等重点工作得到了灾区有效信息的有力支撑，对于省教育厅及时准确了解教育系统灾情，科学决策，指挥教育系统抗震救灾和恢复重建工作，激励广大教师、教育工作者的精神发挥了重要作用。

（二）建立信息发布制度，真实展现救灾和重建情况

修订后的《防震减灾法》[①] 第五十二条规定：“地震震情、灾情和抗震救灾等信息按照国务院有关规定实行归口管理，统一、准确、及时发布。”

根据《防震减灾法》的相关规定，四川省教育厅将全省教育系统抗震救灾和恢复重建工作的信息发布制度化，积极配合四川省人民政府的抗震救灾新闻发布工作。在 5 月 12 日当天成立的“抗震救灾工作领导小组”中专门设立了“信息联络组”和“宣传教育组”，由省教育厅相关领导和宣思处、教育电视台等相关处室牵头负责，此后多次以文件形式要求这些处室和机构正面宣传报道全省教育系统抗震救灾和恢复重建工作，以定期的新闻发布会、工作简报、电视专访、四川省教育电视台专题节目等形式，介绍全省教育系统抗震救灾和恢复重建的进程和情况，做到了信息透明、

四川省教育厅厅长涂文涛（右二）、副厅长何绍勇（右一）在汶川特大地震灾害第四十四场新闻发布会现场

① 中华人民共和国第十一届全国人民代表大会常务委员会第六次会议 2008 年 12 月 27 日修订通过，2008 年 12 月 27 日中华人民共和国主席令第 7 号公布，2009 年 5 月 1 日起施行。

导向正确，让社会真切感受到了四川省教育系统抗震救灾的感人场景和可歌可泣的英雄事迹，以及灾区学校恢复重建的扎实进程。

四、强化学校安全制度的建立和健全

在巨大灾难面前，省教育厅坚持“以人为本”，始终以全力抢救人民群众的生命为第一任务，果断出台应急状态下抗震救灾的总体决策和各项具体措施，用强有力的安全制度保障了灾区广大师生的生命安全。

（一）统筹全省灾区学校安全卫生保障制度

地震发生之初，省教育厅就要求“全省教育战线要把防灾救灾作为当前首要任务，把确保师生生命安全放在第一位”，“对于出现的师生伤亡，各地、各高校要积极组织救治，妥善处理善后事宜，保证学校稳定”，并要求及时排查鉴定校舍损毁情况，立即停用危房。

2008 年 5 月 12 日，四川省教育厅下发《关于做好学校安全稳定工作的紧急通知》，再次要求“各地、各高校加强应急工作领导，确保学校安全稳定”，“确保师生安全第一”，“对出现安全隐患的建筑采取必要的安全措施”。

此后，四川省教育厅先后下发《关于加强学校抗震救灾防病救助工作的紧急通知》（川教电〔2008〕39 号）和《地震灾区学校卫生防疫与食品饮水卫生安全应急处置办法及工作要求》，以制度化的卫生安全措施具体指导抗震救灾和恢复重建工作，最大限度地保护了灾区师生的生命安全。

（二）恢复和创新灾区学校安全制度

在省教育厅一系列保障灾区学校师生生命安全有效制度的引导下，省内各级各类学校根据抗震救灾和恢复重建不同阶段和具体处境的实际，努力恢复、健全和完善学校各项安全制度。针对余震不断，堰塞湖、泥石流、传染性疾病等次生灾害严重威胁灾区学生的生命安全等实际问题，灾区学校在恢复、健全的基础上，不断创新学校安全制度。

例如，绵阳市安县桑枣初级中学坚持六原则，从七大方面深入研究学校安全制度的重建；广元市青川县建立并完善了《关于加强灾后学校教育重建及管理意见》、《关于进一步落实“一岗双责”严格安全事故责任追究的通知》、《特殊管理制度》（包含师生心理教育、板房学校安全教育、板房学校校园文化建设管理制度等）等制度，总结出了“一建、二导、三抓、四研究、五结合”等管理经验①。

① 陈云．青川县教育重建中管理与制度建设的实践［J］．教育科学论坛，2008，（12）：7－8．

这些灾区学校在安全制度上突破了以制度管人的局限，已经把安全制度建设的价值追求上升到了以制度育人的高度，把安全制度的施行转化成了对人（教师和学生）的物质生命形式和精神生命内涵的尊重和发展的过程。

（三）指导板房学校系统建设特殊安全制度

针对板房复课这一特殊阶段和形式，灾区学校从学校、教师、学生，甚至家长等多个角度，对板房安全制度进行了系统化思考，建立了一系列有关板房学校安全的制度：门卫制度、消防设备设施管理及消防安全工作管理制度、寄宿生安全管理制度、食品卫生安全管理制度、饮用水管理制度、校园清洁卫生管理制度等①。

这些制度的具体施行，全面、有效保证了板房学校师生的生命安全，使板房学校的教育教学正常秩序得以迅速恢复，有力推动了四川省教育系统的灾后恢复与重建。

德阳市东汽小学板房学校体育活动中健康成长的孩子们

五、建立抗震救灾激励机制

表彰激励机制的建立，对弘扬伟大抗震救灾精神，凝聚全省教育工作者和大中小学学生力量，创生四川省灾区教育可持续发展不竭动力，实现四川省教育恢复重建和跨越式发展起到了巨大的鼓舞作用。

---

① 刘建国，青春，何立新．“灾后学校制度重建”子课题中期研究报告［R］．教育科学论坛，2009，(9)：69－72.

（一）建立抗震救灾先进个人和集体表彰机制

汶川突发特大地震灾害后，在四川省涌现出了一大批临危不惧、先人后己、团结互助、坚强乐观、积极赈灾、无私奉献的优秀教育工作者和大中小学学生，其事迹感天动地，其精神可歌可泣。

为鼓励先进，树立榜样，大力弘扬抗震救灾精神，进一步激励广大教育工作者和大中小学学生积极投身到抗震救灾和恢复重建的洪流中，中共四川省委教育工作委员会、四川省教育厅先后评选并表彰了一大批抗震救灾优秀大中小学生、优秀教师、优秀教育工作者和先进集体。灾区各级党委、政府及教育行政部门也对抗震救灾中的先进个人和集体进行了表彰激励。

永不褪色的信念①

——记雅安市汉源二中教师包世贵

在突如其来的“5·12”地震灾害中，包世贵老师危难关头舍小家、顾大家，将生死置之度外，坚持在抗震第一线，用实际行动书写着一个人民教师乐于奉献，不畏艰险，视学生为儿女的独特人格魅力，诠释着一个共产党员不屈不挠、顽强拼搏的英雄本色。

舍生忘死，危急时刻挺身而出

2008 年 5 月 12 日 14 时 28 分，像往常一样，包世贵老师在二楼办公室专心致志备课。瞬间，整幢房子剧烈地摇晃起来，包世贵警觉地意识到：地震了！

此刻，他马上想到，自己当班主任的初三（3）班在四楼，那里有他 70 多名学生。顾不得多想的包老师箭一般地冲出办公室，直奔楼上。当他冲到三楼时，四楼的阳台和水泥护栏已经开始垮塌，整片的水泥预制板、砖块的下落把包老师从三楼逼到一楼。

教学楼还在剧烈地摇晃、垮塌，初三（3）班的学生一个都还没有下来。心急如焚的包老师再次向楼上冲去，当他冲进教室时，墙体许多地方已经开始开裂、垮塌，学生们惊慌失措，有的已经夺门而出。考虑到本班学生人数是全校最多的，为防止学生冲出教室后出现意外，包老师大声告诉学生：“大家不要慌张，不要挤，请听从我的指挥，外面楼道护栏已有部分垮塌，大家

① 撰稿人：雅安市汉源县第二中学李建云、何军廷；审稿：汉源县第二中学江清源．有删节．

让靠近门的学生先走，让出通道后，其他同学紧跟在后面，大家排成一列有序撤离，出教室后不要靠近护栏，千万不能拥挤！”包老师大声地呼喊着，和任课老师徐光霞指挥着学生有序撤离，直到最后一个学生安全撤出才最后一个离开本班教室。走到初三（2）班教室门口时，包老师发现这个班还有部分同学还未撤离，又立刻与任课教师组织他们有序撤离。

舍己救人，生死关头英雄无畏

墙体在学生的惊恐中继续垮塌，大家都奋力往楼下奔去。走在最后的包世贵在三楼楼梯拐弯听到了一个稚嫩的声音在痛苦地呻吟，他便努力向这个声音靠近，并俯下身子仔细地听。垮塌的墙体已完全掩埋了这个学生，包老师一时难以发现这个学生的具体位置。包老师立刻大声说道：“你保持大声说话，让我知道你在哪里。”这位学生也大声回应着。搬开一块又一块的砖头，他发现了压在预制板下面的学生的脚，但她的上半身被更大墙体压着，包老师试图去移开它，可墙体太大太重了，无法移动。包老师便大声呼救，不停地刨砖。闻声而来的老师们齐心协力，四五百斤的预制板被成功搬开，学生得救了，他却累得瘫软在地。

舍小顾大，时刻不忘为师责任

“包老师，您的孩子还在幼儿园啊！”

“包老师，师母还在单位上班啊！”

获救的学生望着眼前摇摇欲坠的教学楼，焦急而关切地问着。

“你们的命也是命啊！”忙得气喘吁吁、满头大汗的包老师眼角已经湿润了，他说：“家人是我的牵挂，可你们也是我的牵挂，你们父母的牵挂啊！”

将近一个小时后，当别人把包老师的孩子从幼儿园接到包老师身边时，包老师正和老师们忙于接待、疏散来校接孩子的家长们。楼还在摇，墙体还在垮塌，太阳如火一般地炙烤着包老师和他四岁的儿子。担心还有学生没有安全离校，回到家长身边，包老师没有撤离。受到惊吓的儿子不停哭叫着，可包老师已经顾不得那么多了。直到后来，儿子被赶来的母亲接走，包老师都没有离开学校半步，又留在危险的校区负责学校和校外人员的安全疏散。

…………

2008 年，包世贵老师被中共中央组织部表彰为全国抗震救灾优秀共产党员，受到了胡锦涛总书记等国家领导人的亲切接见；应邀参加北京残奥会闭幕式和国庆六十周年观礼活动；被教育部评为抗震救灾先进个人；被评为“四川省抗震救灾模范”，荣获四川省抗震救灾优秀教师“怡和烛光奖”、“华夏千秋基金奖”、“四川青年五四奖章”等诸多荣誉。

四川省教育系统抗震救灾激励机制的建立，适时弘扬了一大批抗震救灾模范教师、优秀学生、先进集体的高尚品德、大无畏的英雄气概和无私奉献的精神，极大激励了广大教育工作者和大中小学生化悲痛为力量，激发了积极投身抗震救灾、重建校园、恢复教学、提高教育质量工作的热情，为夺取抗震救灾斗争的全面胜利，为推进四川教育的新发展，蓄积了巨大的精神动力。

（二）建立支教教师和灾区学校教师激励机制

四川省教育厅先后明文规定，“支教教师的评优评先、职务晋升在原单位优先考虑”，“收集表现突出的赴灾区支教校长、学科教师、心理辅导专业教师、志愿者的事迹，教育厅将适时予以表彰”。省教育厅还对灾区教师的专业培训、职称评定等事宜做了专门的规定，充分体现了对支撑灾区教育可持续发展的人才资源培养的高度重视。

六、强化重建过程监管机制

为保障灾后教育重建工作按照规划安全、高效地完成，四川省教育厅成立了“抗震救灾资金物资监督管理领导小组”，从组织保障、工作机制、运行机制等方面健全监管机制，全面加强对教育系统抗震救灾资金、物资等的监督管理。

（一）加强资金物资监督管理

抗震救灾及恢复重建，物质保障是基础。国家、对口援建省市、各种社会力量在资金、物资方面给予了四川省教育以巨大的支持。

为切实加强教育系统抗震救灾资金物资的监督管理，四川省教育厅于 2008 年 6 月 2 日成立了“抗震救灾资金物资监督管理领导小组”，负责全省教育系统抗震救灾资金物资的接受、拨付、安排、使用、管理的监督检查工作。

（二）强化恢复重建规划监管

为了切实做好省学校恢复重建工作，四川省教育厅于 2008 年 11 月 10 日出台《关于实施汶川地震灾后学校恢复重建规划的意见》（川教〔2008〕317 号）（以下简称《意见》），在“坚持科学重建，振兴四川教育”总体要求下，提出了灾后学校恢复重建的总体目标和分阶段目标，并对学校建设项目实行地方政府统一组织建设、统一管理、统一招标、统一采购、统一监管和验收的制度。

1. 重规划，努力实现教育科学重建

《意见》要求各地和高校要抓紧把恢复重建目标任务细化落实到一个个具体建设项目上，并将分学校规划建设项目全面纳入当地的实施规划和项目规划中去，统一组织实施和管理，并报省教育厅备案；要求统筹利用好各类资金，充分利用灾区恢复重建的各项金融优惠政策，将学校恢复重建的建设项目落到实处；坚持“科学重建”的原则，从学校布局、选址、标准化建设、软件建设和师资保障等方面高质量地恢复重建学校。

2. 强监管，确保重建工程质量安全

《意见》要求强化监督管理，严格遵守国家基本建设程序和项目管理要求。对义务教育阶段学校和幼儿园，普通高中、中等职业学校以及普通高校的项目建设在组织和管理、招标及采购、监管和验收方面做出了明确的规定。要求各地将年度建设项目安排情况向社会公开，自觉接受同级人大、政协以及社会各界的监督。

《意见》还制定了详尽的灾后重建项目检查、监管制度和规划实施情况报告制度。这些制度有效保障了灾后学校重建项目的质量和安全。

灾区县（市、区）教育行政部门和学校在灾后教育重建过程中严格按照《意见》的相关要求，从本地、本校重建实际出发，将《意见》具体细化为各地、各校的重建规划及监管制度，真正做到科学规划，严格监管，保证了灾后教育重建的高质量推进。重灾区德阳市罗江县的灾后教育重建从一开始就不断完善制度，创新机制，强化监管，确保了重建工作的规范、有序。

创新机制，强化监督

——来自罗江县的灾后教育重建经验①

灾情发生后，县教育局带领全县教育系统广大干部、职工一方面全力抗灾救险，努力减少损失，一方面创新机制，积极开展灾后重建。

一是加强领导，明确责任。县教育局党政领导充分认识到，重建工程责任重于泰山。为按时保质保量地完成重建任务，按照省市“三年灾后重建任务两年基本完成”的总体要求，成立了以局党委书记、局长为组长的学校灾后重建工作领导小组，成立了纪检监察组、安全保障组和督促检查组，从程序审核、施工安全、质量监督等方面对重建工作进行指导、监督。做到事事有人管，细节有人抓，质量有监督。

二是完善制度，规范程序。由于重建项目多，涉及资金量大，事关安全、稳定大局，教育局纪委提出了“廉洁重建”的要求，下发了《关于灾后校舍维修加固项目和资金监督管理的暂行规定的通知》（罗教党委〔2008〕15号）、《关于实行纪委委员联系招投标学校制度的通知》（罗教党委〔2009〕3

① 罗江县教育局．创新机制 强化监督 强力推进教育灾后重建［J］．德阳教育，2010，（8），有删节．

号)，明确了学校重建项目的程序要求，并规定凡是学校自行组织的招投标或议标，教育局纪委都派人全程进行监督。建立了“招投标校长谈话制度”、“招标代理机构谈话制度”等，规范了重建秩序，有力推进了学校灾后重建工作的顺利进行。

三是创新工作机制，强力推进。教育重建工作量大，时间紧，县教育局创新工作机制，在局机关打破各室界限，因事设岗，工作统一安排，成立了重建办并抽调人员统一办公，大大提高了工作效率。同时，根据学校灾后重建的特点，将学校灾后重建按照轻重缓急分三步进行：首先对轻度受损的校舍抓紧进行维修加固，新建教学急需的教学楼、食堂、厕所、学生宿舍等，第二步进行运动场、道路、校门、围墙等附属设施的建设，最后再完成校园绿化、美化，这样，使每个项目能得到科学排序，尽快实施。为保障重建工作有条不紊地进行，县教育局在确保工程质量的基础上，加强了与发改、规划和建设、财政、国土等部门的协调，对项目实行时间倒推，工期倒排，责任倒查，对所有重建项目从规划选址、立项、测绘、方案设计到开工、竣工等十多个建设环节的完成时间都做了科学而精细的计划，并及时掌握每个重建项目的每个环节的进度和落实情况。定期召开专题会议，分析归纳，总结经验，找出重建工作中的困难和带有普遍性的问题并提出解决问题的办法，有力地推进了重建工作的进度。目前，全县灾后恢复重建的 26 所学校，完成总投资 9927 万元，已实施新建校舍面积 85182 平方米，已实施维修加固面积 82220 平方米。

灾后教育重建中的制度建设有以下经验：一是坚持系统思维，统筹考虑灾区教育重建的规划和监管以及灾区教育可持续发展等制度及其执行机制、保障机制的建立和完善；二是坚持继承与创新相结合，结合灾区教育的实际和地震灾害中已有应急机制和相关制度建设及实施的种种问题，及时总结经验教训，重新审视已有应急机制和相关制度，不断创新四川省教育系统应对巨灾的各项制度，形成了较为系统、完善的灾后教育重建制度。

第九章　灾后校园文化建设

校园文化是师生精神家园的重要载体，在营造积极向上的文化氛围、塑造良好的道德情操、促进师生健康发展等方面具有不可替代的作用。

地震袭来，承载校园文化的物质载体遭到破坏，临时帐篷、板房普遍缺乏文化气息，永久性校舍校园文化重建需从头开始；原有的课外文化活动体系被打乱；师生原有的世界观、人生观、价值观受到激烈冲击。在中共四川省委“两个加快”精神指引下，省教育厅高度重视灾区学校校园文化建设，通过推动“生态建构范式、赈灾财富范式、特色生长范式”广泛运用、打造示范学校、组织校园活动文化现场观摩与研讨会等多种形式，丰富校园活动形式和内容，融入爱、生命、祖国、希望、感恩、不屈精神等时代文化元素和抗震救灾精神，再建校园环境文化、活动文化和校园精神文化，构筑师生精神家园。

灾后校园文化重建，不是校园环境文化、物质文化、活动文化、课程文化、制度文化等的简单恢复，而是通过这些显性文化的创生去抚慰、影响、干预、再建灾区师生的精神文化体系，是让新的时代文化元素充实灾区师生的生命观、人生观和价值观，使重建的校园文化构筑起灾区师生新的美好的精神家园，使其充满希望地、满怀激情地投入新的学习和生活。灾后校园文化的重建，其根本目的在于恢复灾区正常教育教学秩序，重新焕发灾区学校教育精神，振兴灾区教育事业，让灾区学生充分享有均衡发展、和谐发展的优质教育，让灾区师生坚定生活的信念，满怀希望地投入新的学习和生活。

一、加强校园环境文化建设

学校环境文化是隐含在学校物质表象之中的精神内核，是通过校园的物质层面呈现出的文化与教育要素。如校园里的国旗、标语、墙报、绿化造型等物质性文化环境，既反映教育主体的教育理想和追求，又反映教育主体所期望的文化熏陶和发展愿景，是学校教育和灾后教育重建的重要内容。学校师生既是校园环境文化的继承者、改造者，又是现代校园环境文化的创建者。

在复学复课过程中，针对板房学校校园环境单一，文化氛围不浓，育人功能不强等特点，四川省教育厅下发相关文件①，指导板房学校校园环境文化建设。

（一）明确校园环境文化建设的主要内容

校园环境文化建设主要包括校园公共区域文化、办公室文化、教室文化、寝室文化、食堂文化及厕所文化等校园物质环境文化的建设。

（二）提出板房学校校园文化建设的要点

1. 依法悬挂国旗，举行升旗仪式。要求学校按相关要求在校园中心区域悬挂中华人民共和国国旗，定期举行升旗仪式；

2. 营造人文环境。具体包括在校园的醒目处（如主要通道两侧，校门附近等）设置宣传栏或展板并定期更换内容；在校园的公共区域设置各类标语牌或者提示牌；在教室内设置班级板报；在办公室及教室或者寝室内悬挂文化挂件，张贴宣传标语、书法作品、学生的手工作品等，增强环境育人功能。

3. 开设校园广播。通过播新闻、讲故事，将素质教育、奥运精神、抗震救灾精神、生命教育、感恩教育、心理健康教育等教育要素进行宣传。

4. 绿化、美化校园。要求有条件的学校要摆放盆景植物，注重整个校园环境的整洁和卫生，发挥整个校园的物质环境及氛围的育人功能。

（三）打造示范学校

校园环境文化元素具有显性、物化的特征，最能够通过人的感官区分和判断、感悟和体验。四川省教育厅引导学校以现代校园文化的基本理念、主张和追求为依据，将人生观和价值观教育、生命教育、安全教育、感恩教育、责任教育、环境教育、地震中迸发的光辉人性的教育、勇于面对困苦、艰难和灾难的心理品质的教育等时代文化元素与学校的传统校园文化元素和区域特色文化相融合，形成以都江堰蒲阳路板房小学、新建小学、德阳绵竹紫岩板房小学等为代表的校园文化示范学校，并通过组织现场观摩和研讨，启发、引导灾区学校校园环境文化建设，有力地推进了校园环境文化重建工作不断发展。

升旗仪式教育学生“热爱祖国 感恩祖国”

① 四川省教育厅. 关于加强地震灾区板房学校教育教学工作和校园文化建设的意见. 川教〔2009〕56号.

（寝室墙体文化）

（教室墙体文化）

（校园板房墙体文化）

板房墙体文化呈现的是“我们的艺术创造没有终止”

校园雕塑文化蕴藏着学校的教育追求

以浓郁的人文气息营造板房学校育人氛围①

在进校门的显著位置，我们悬挂了胡锦涛总书记视察灾区的巨幅照片及主席视察灾区时留下的铿锵话语：“任何困难都难不倒英雄的中国人民”；在师生必经的通道上悬挂了温家宝总理视察灾区、刘冬冬上将视察我校教学点——沙家浜帐篷学校的巨幅照片；张贴了温总理在抗震救灾最前线用以激励亿万人民战胜灾难的话语——“多难兴邦”。在教室外墙上，我们张贴了……诸如“敞开心灵的窗户，让阳光进驻”、“不求最好，但求更好；不在乎昨天，只在乎今天和明天”等内容，以激励师生，用阳光心态对待生活、学习和工作。在各班教室后墙张贴了富有激励性、教育性的标语，如：“学会面对，学会坚强”、“学会知恩、学会感恩、学会报恩”等。

二、丰富校园活动文化

校园活动文化具有心理抚慰和心理疏导价值。灾区师生在经历巨大灾害后面临诸多心理问题，受板房学校条件限制，灾区学校校园活动文化内容和形式单一。

① 摘自彭州市新兴镇九年制学校 王宁波 付先和《以人为本，重构积极的校园精神》（未发表文献）.

丰富校园活动文化对促进灾区师生恢复心理常态发挥了积极作用。

大灾后学校师生面临各种心理问题，如恐惧、焦虑、抑郁、迷茫等，校园集体活动能够有效缓解和消除师生的这些心理问题，使他们尽快恢复心理常态，树立生活信心。在校园活动文化的重建过程中，尽管板房学校受各种条件的限制，开展校园文化活动有一定的困难，但学校充分利用可能的条件，开展国旗下的讲话、主题班会、少先队活动、共青团活动等主题活动；开展班级板报评比，诗歌朗诵比赛，演讲比赛，“阳光少年”评比，合唱比赛，作文比赛，“流动红旗”评比，体育运动比赛等奖励激励活动；开展社区帮扶活动，如帮助生活困难的群众，残疾群众活动，到社区进行宣讲、演出和常识宣传；开展课间趣味活动等丰富多彩的校园文化活动，既有效地疏导和缓解了师生的心理问题，又达到了多元的教育目的，还为永久性学校的校园活动文化建设积累了素材和经验。这一系列有序的、多样化的、具有针对性、时代性的教育内容和文化活动深刻地感染和浸润着师生心灵，燃起了他们新的希望和期待。

（一）明确校园活动文化内容

针对板房教学和灾后教育重建实际，四川省教育厅明确要求灾区学校必须抓好三类活动。

一是弘扬抗震救灾精神的学习宣传活动。以庆祝新中国成立六十周年为主题，深入开展“弘扬和培育民族精神月”活动及其他主题教育活动，尤其要开展好抗震救灾精神的学习宣传活动。大力宣传胡总书记、温总理在抗震救灾中的讲话，特别是对灾区师生的关怀和期望；宣传中华民族伟大的抗震救灾精神，尤其是本地本校抗震救灾英雄和先进人物的优秀事迹及其面对灾难百折不挠、昂扬向前的不屈意志。

绵阳安县花荄小学的“特色活动课程”①

在“5·12”地震后的重建中，我们构筑了“书香校园、艺术人生”的学校特色发展目标。结合板房实际，进行了一系列的尝试。

（1）德育工作向学科渗透。如，美术学科的“儿童书画墙”，定期举行了画展；音乐学科组织了学生课间歌、课间舞；定期举办“英语才艺展示”、“普通话技能展示”等。

（2）放大校园艺术节。将每年的“6·1”定为校园综合艺术节。……成立了五百余人的校园集体舞队、小舞蹈队、小合唱队、小品队、器乐队、足

---

① 摘自绵阳安县花荄小学 郭正恩 刘文菊《构筑书香校园，引领艺术人生》（未发表文献）.

球队、乒乓球队、象棋队、摄影队、美术队等，让每一学生都有发展特长、陶冶艺术的舞台和机会。

（3）以体育为“龙头”引领各类文化体育活动。结合板房实际，将象棋、跳棋、踢毽子、羽毛球等安全系数高的活动纳入体育活动内容；同时开展了“板房阳光体育和祖国同行”系列活动：在房地产所圈地上进行长跑活动；充分利用板房空隙，在各班的教室门前坚持做课间操；成立安全系数大的板房武术队、绳操队；联系业余体校教练，成立了“学生乒乓球队”、“学生足球队”，租借场地定期训练等，切实落实全体和特长学生的体育锻炼时间，增强学生体质。

二是主题活动和竞赛活动。定期开展国旗下讲话、主题班会、少先队活动、共青团活动等主题活动；开展班级板报评比、诗歌朗诵比赛、演讲比赛、“阳光少年”评比、合唱比赛、作文比赛、“流动红旗”评比、运动比赛等竞赛奖励活动。

都江堰市灾后组织的中小学生绘画活动

在灾后教育重建中，都江堰市教研室在上海市对口支援老师的协助下，根据绘画在灾后心理干预和治疗中的特殊作用，在全市中小学校开展“抚平伤痛，展望未来”的绘画艺术抚慰治疗活动。老师们开诚布公地与学生讨论所发生的灾难，将画笔交到孩子们手中，让学生充分表达情绪，自由地画出自己的想法，鼓励学生大胆地再现自己的痛苦、紧张、恐惧和忧虑，引导他们重拾梦想，坚定生活信心，帮助他们建立感恩和创造未来的意识。都江堰市万余名学生参加，产生了令人惊喜的效果。面对灾难，孩子们增强了战胜困难的勇气和信心；用画笔记录灾难，倾注了孩子们亲力亲为的真实情感；懂得感恩，发奋图强，回报社会，报效祖国，灾区孩子们是我们的希望和未来；敢于面对失去亲人的痛苦，承受苦难，灾区孩子从此变得坚强；孩子们的“真”，积极向上的“善”，迸射出创作美的快乐和魅力。正如《美丽的花朵——都江堰市中小学生绘画集》编者所言：“地震重灾区的孩子们，作为‘5·12’四川大地震的亲历者、幸存者，在我们民族、国家共同遭遇大自然灾难时，孩子们感悟了大爱、无私、无畏和人间温暖，懂得了坚强、珍惜、感恩和报效祖国。”①

① 《美丽的花朵——都江堰市中小学生绘画集》上海市对口支援都江堰市灾后重建指挥部 中共都江堰市委 都江堰市人民政府 编．四川出版集团四川美术出版社，2009 年 5 月第一版．

三是社会实践活动。组织师生开展社区帮扶活动，如帮助生活困难群众、残疾群众活动，到社区进行宣讲、演出；开展课间趣味活动等。

班级开展以感恩为特色的系列活动①

通过系列活动的开展，培养学生的感恩意识和感恩习惯，从而达到了引导学生感恩、知恩、报恩和施恩，培养了学生健全人格。例如：

(1) 把《感恩的心》作为班歌，并学会了手语，每次重大活动、或每周的主题班会都要首先用心唱响这首歌曲，让学生在潜移默化中受到教育。

(2) 组织以“感恩”为主题的国旗下的演讲活动，使全校师生受到了巨大的感动和感染。

(3) 开展“感恩父母”的主题班会，在学校的开放日活动中，组织了老师、家长相互交流、学习。

(4) 开展有特色的“感恩”活动月：包括感恩父母、感恩老师、感恩同学、感恩竞争对手四大板块。

(5) 结合“5·12”汶川地震开展了“说出你心灵的感动”主题班会并自觉捐款。

(6) 结合“5·12”汶川地震开展了“珍惜生命·懂得感恩”的主题班会。

（二）组织校园活动文化现场观摩与研讨会

为了加快推进四川省灾后校园活动文化重建，推动重建成果的共生共享，四川各地组织开展了多层次的校园活动文化建设专题观摩与研讨会，有力地推动了灾后校园活动文化的持续深入发展。例如，成都彭州市教育局、彭州市教育学会、彭州中学和彭中实验校承办的由中国教育学会教育机制研究分会、《教育》杂志社主办的“四川灾区校园文化重建体验——成都行暨第五期科研骨干教师培训、优秀班主任研修班”活动；广元市利州区召开的“板房学校校园活动文化建设现场会”；崇州市教育局组织的中小学校（园）长和教育局各科室长参观武侯区行知实验小学、武侯实验中学和双流黄龙溪九年制学校，现场观摩和学习其校园活动文化建设方面的经验等观摩与研讨活动。这些活动对推动整个灾区学校的校园活动文化建设，丰富其内容、形式和方法，提升其教育价值都发挥了重要作用。

① 摘自邹秀英《记初2009级三班的班级文化建设》（未发表文献）.

（三）用三种范式指导学校校园活动文化建设

采用“生态建构”范式，构建校园文化生态体系。校园文化重建是一个整体的生态的系统工程，因此，永久性学校的校园文化重建首先应强化“生态范式的导引”这一主题，坚持“多元生态，整体设计，分步实施”。如都江堰市蒲阳小学总结出学校个性成长的“五要素结构范式”：文化重建有具体的目标、有具体的分类落实内容、处理好文化继承与文化创新的关系、文化的育人效果说明具体、下一步建设的思路清晰。按照生态系统工程要求构建永久性学校校园文化系列使新建的校园文化科学而完整。

创造“赈灾财富”范式，寓校园文化以时代精神。灾区学校的赈灾遗产和经验是巨大的教育文化财富，具有不可复制和替代的教育文化价值，直接关系到学校精神文化重建的品位与品质，是校园文化建设的重点内容之一。挖掘其教育文化财富宝藏，成为了灾区学校校园文化重建主体的共同责任与使命。如北川县海信陈家坝小学在校园文化建设中，将全校师生在大地震中顺利大转移的真实故事，用浅浮雕的方式，镌刻出真实生动的画面，让“教师救护学生”这种爱的温暖，成为永远的精神财富。

推行“特色生长”范式，寓校园文化以区域特色。校园文化重建必然要脱胎于原来学校的历史文化和社区特质，必然要寄托学校师生新的教育理想和价值追求，尤其关注“特色生长”范式的引导，形成校园文化重建百花齐放的良好局面。目前，灾区学校的校园文化建设既融入了当前主流文化元素，又体现了区域特色文化，其教育性呈现出科学、深刻、多元的特色。

都江堰新建小学板房校园童话剧

绵竹汉旺中学课间体育活动

汶川绵虒中学工艺活动

绵竹板房学校的合唱活动

三、提炼和升华校园精神文化

校园精神文化建设是校园文化建设的核心内容，也是校园文化的最高层次。精神文化建设不是简单地复原传统的精神文化元素，而是传承和弘扬、反思和提升、挖掘和创造当代精神文化巨大的教育价值，以重建师生更加美好的精神家园。

（一）弘扬抗震救灾伟大精神

自强不息、顽强拼搏，万众一心、同舟共济，自力更生、艰苦奋斗的抗震救灾的精神是在共同抗击自然灾害的殊死搏斗中所形成的交汇点，是时代精神和民族精神的交汇点，社会主义和爱国主义、集体主义的交汇点，革命英雄主义和社会主义人道主义的交汇点，是波澜壮阔的改革开放时代中华民族精神的一次伟大升华。精神文化的核心价值蕴含在赈灾过程中的“四川力量”、“中国精神”、“世界友爱”的一个个鲜活的感人事件之中。“5·12”灾难时刻爆发出来的人性之美和人情之美，在精神文化的内蕴上，折射了中华民族的坚强生命力和伟大凝聚力，是前无古人后有来者的精神焕发。校园精神文化建设就是要深度开发其巨大的教育价值，让这些“非常态”时刻的人性光辉继续光耀于“常态”时刻，在常态中传承和弘扬。灾区学校和非灾区学校在其校园精神文化的建设过程中，处处涌现出弘扬伟大抗震救灾精神的鲜活事例。

（二）重新提炼学校办学理念

在校园精神文化建设过程中，各校对其历史积淀的、自成体系的校园文化系列进行重新审视，在办学思想中既继承传统精神文化的精髓，又强化生命意识、人本意识、灾难意识和危机意识的养成教育等时代文化元素，这类重新审视学校精神文化、融合时代主流文化精神的案例在灾区学校校园精神文化建设中处处可见。

北川海信陈家坝小学的校园精神文化建设

北川县海信陈家坝小学的校园文化建设，就将学校的育人目标确定为“人人有大爱，个个有才能”；办学理念为：“让大爱成为信念，让责任成为行为，让学习成为习惯”；学校精神为：“大爱、坚韧、博学、有为”。尤其将全校师生在大地震中顺利大转移真实故事，用浅浮雕的方式，镌刻出真实生动的画面，让“教师救护学生”这种爱的温暖，成为永远的精神财富。

教师救护学生

（三）促进区域文化特色“校本化”

在校园精神文化建设中，不仅注重传统精神文化、时代主流精神文化元素的提炼和创生，还注重区域特色文化的继承和弘扬，发挥其独特的教育价值，使时代主流文化和区域特色文化相得益彰。例如，崇州市街子镇九年制学校师生喜爱兰花，兰花的形象、气质、品质和“文雅”之意深入人心。将兰花作为学校文化的形象载体，能有效传达其价值追求。所以，学校以兰花为主题，打造“兰花校园”，形成了学校办学理念：“崇文求进取，尚雅构和谐。”其特色文化底蕴得到了很好的彰显。

四川灾区板房学校精神文化重建的教育标语示例

1. 有手有脚有条命，天大的困难能战胜。
2. 靠国家、靠集体、最后还要靠自己。
3. 相信学习的力量。
4. 板房里的学习，不是经历一次苦闷的慢车，而是一次特有意义的少年〔童年〕旅行。
5. 感恩社会，自强不息。
6. 父母养我生命，社会献我温暖，国家保我安宁，我拿什么回报您？
7. 知恩必生情、感恩必有行、施恩必积德、报恩必有才。

校园文化重建是一项科学而系统的教育工程，重建工作注重结合重建的阶段性特征确定校园文化建设主题，在系统论、现代化视野下重点关注了以下要点。

1. 按灾后恢复重建的阶段性特征科学安排。“临时性帐篷学校”阶段以开心复课、自强不息、抗灾减灾为主题，重点推动课程文化与活动文化开展；“过渡性板房学校”以常规行为、样本示范、适合实用为主题，重点推动环境文化、课程文化与活动文化的开展，尤其注重抗震救灾精神和抗灾避灾、珍爱生命等文化元素的融入；“永久性学校”则推进“生态建构范式、赈灾财富范式、特色生长范式”三种校园文化重建范式的广泛运用。

2. 注重文化类别的价值特征。在灾后临时学校大力推动课程文化与活动文化的开展，实现其心理抚慰和心理疏导的价值功能。在灾后永久性学校校园文化的建设中，注重具有重要教育价值的军旅文化、援建省市地域文化等多元文化的有效植入。

3. 融合时代性文化元素。将传统文化、时代主流文化、区域特色文化、伟大的抗震救灾精神和避灾抗灾安全文化等文化元素作为灾后校园文化重建的重要内容。

4. 强化文化介入的时机与效率。灾后迅疾组织开展校园文化的恢复和重建，及时浸润和滋养师生的心灵，减少、降低和消除灾难带来的心理阴影。

第十章　“5·12”赈灾中的教育遗产

中国社会在应对“5·12”汶川特大地震过程中的行为反应蕴涵着意义深远的社会进步经验，我们将其称为“5·12”遗产。遗产挖掘即是从“启迪未来”的需要出发去总结历史经验。仅仅描述性的“5·12”赈灾行为记录还不能等同于遗产。

教育遗产是“5·12”遗产的重要组成部分。从“抢险救灾”“灾后重建”“防灾减灾”三个环节上看，“5·12”赈灾都留下了极其宝贵的教育遗产。

一、以“遗产”的视角看“5·12”赈灾的“兴邦”价值

面对“5·12”巨灾，我们坚信“多难兴邦”，坚信能从灾难的应对经验中学会进步。今天的人类社会，越来越重视从历史进程的各个侧面挖掘有利于社会进步的各种要素，并把这样一些要素统称为“遗产”、“社会遗产”或“文化遗产”。

遗产的字面意思是“遗留下来的资产”。现代意义下的“社会遗产”指特定环境、情景下的人类精神、物质的遗存，具有不可再生性、即时性和使用价值。

“5·12”赈灾蕴涵着极其丰富的“教育遗产”。这些教育遗产表现为此次赈灾过程所展现、创生的可为教育事业利用的教育发展资源。其丰富性源于中国社会“5·12”赈灾行为的丰富性。首先，“5·12”赈灾包含着现代“赈灾”意义下多方面、多层面的社会行为。其次，“5·12”赈灾行为深刻地折射了当代中国社会的经济社会发展水平、社会机制、时代精神、文化传统等。

“赈灾”的实质是对因灾受难者施援手相助，是人类社会文明的一种表现。现代意义下的“5·12”赈灾包括“抢险救灾”、“灾后重建”以及“防灾减灾”三个环节；赈灾的行为主体包括政府、社会民众与团体（非政府组织）、灾民自己等三种力量；赈灾更加从生命的深层意义上关注灾民的生存权、发展权，关注相应的生存条件、发展条件以及灾民的生活质量，关注生命赖以展开的社会环境。在现代意义下，生活环境重建、社会环境重建、精神家园重建等，都应该成为赈灾“标的”。

“5 · 12 教育遗产”是从教育的视角，对赈灾过程中具有教育发展价值的东西进行总结挖掘。包括对“5 · 12”教育遗存进行必要的事实梳理；进而对其中的教育发展意义做出理性分析，以为进一步的教育重建工作提供启示，为今后的减灾、防灾和应对突发灾难提供防御知识；最终，利用其中的经验认识指导正在深入进行的教育重建工作。总之，“5 · 12 教育遗产”挖掘的目的不仅仅是留存，更重要的是启示现在和未来。

二、赈灾中的德育资源挖掘

赈灾实践全面展现了人与自然、个人与他人、个人与社会、公民与国家的关系，形成包括科学教育和人文教育在内的丰富教育资源。科学教育资源主要指向对自然灾害及人与环境关系的教育，在四川省地方课程教材《生活 · 生命与安全》中已经得到较好体现。人文教育资源集中指向学生亲历体验、宝贵生动、亲切可信的赈灾事实，成为学校德育重要而丰富的资源，对学生认知党和国家、开展感恩教育、公民教育、实施德育课程改革具有突出意义，因而是本课题主要关注的话题。

1. 赈灾实践中的德育资源

“5 · 12”赈灾过程是对我们的物质建设成就和精神境界的双重考验。无数感人至深、可歌可泣的事件，全面呈现了国家、政党、军队、专业人员、志愿者以及社会各方面的行为表现，集中体现了中华民族的传统美德和时代精神，是中小学校进行爱国主义教育、集体主义教育、社会主义教育、国防教育和公民道德教育的宝贵素材。

（1）赈灾实践充分发挥了中国特色“举国体制”的政治优势，为社会主义教育提供了重要资源。中央建立灾后恢复重建对口支援机制，确定“一省帮一重灾县”的原则，一场前所未有、规模空前的对口支援行动由此展开。截至 2010 年 8 月底，18 个对口支援省市确定援建四川的项目 3645 个，已建成 3183 个；对口支援累计完成投资 677.99 亿元，到位对口支援资金 684.24 亿元。目前，在全国人民大力支持下，四川“三年重建两年完成”的目标已基本实现，灾区正从悲壮中生长希望，从恢复重建中实现历史跨越。

（2）赈灾实践集中凸显了各级党委政府和教育行政部门的坚强领导、科学指挥，蕴涵着爱国主义教育的生动素材。其一，党中央总揽全局、审时度势，在震后第一时间就把抗震救灾确定为全党全国最重要最紧迫的任务，成立国务院抗震救灾总指挥部，举全国之力抗震救灾、恢复重建。其二，灾区各级党委政府和广大干部紧急动员、迅速行动，带领群众恢复生产、重建家园，充分发挥了中流砥柱作用。其三，四川省教育厅及灾区各级教育行政部门调配援助力量，协调物资发放，安抚师生心灵，两次实施平安高考，开展复学复课，为安定人心、维护灾区社会稳定发挥了重要作用。

（3）赈灾实践集中彰显了人民军队的主力军和突击队作用，是国防教育的生动素材。全国迅速动用超过15万人20余个专业兵种的解放军、武警部队、公安民警、消防民警和特警，以及7.5万名民兵预备役人员投入抢险救灾。他们跨越生死界线，克服千难万险，进入千村万户，为灾区人民带去生命的希望和生活的勇气，承担起抗震救灾最紧急、最艰难、最危险的任务。

（4）赈灾实践集中反映了志愿者精神和社会大爱的磅礴力量，为集体主义和公民道德教育提供了宝贵资源。全国各地踊跃捐钱捐物，《爱的奉献》抗震救灾大型募捐晚会现场就募得善款超过15亿元。截至汶川地震一周年之际，全省收到的捐款总额是157.5亿。成千上万的志愿者远赴灾区，开展各种救援服务；千名成都的哥的姐自发前往都江堰运送伤员；数不清的群众自发前往遍布全国的献血点无偿献血；报名担任志愿者的人排成长龙；5257名专业救援队员冒着生命危险深入一线，在废墟中寻找希望；9.13万名医疗卫生工作者夜以继日地抢救生命、严防疫情；各行各业、各条战线的工作者密切协作，为抗震救灾提供有力支持。

（5）赈灾实践全面展示了灾区教师和学生的崇高精神，为传统美德、职业道德和民族精神教育提供了生动亲切的素材。面对生死考验，灾区教师张开双臂护住学生，把生的希望留给孩子，克服重重困难搜救学生，直到把他们平安送到亲人手中，他们用鲜血和生命践行人民教师的神圣职责，诠释人民教师的高尚师德。他们的大爱永远留在学生心中，留在百姓心里。无数灾区的孩子临危不惧、坚强勇敢，奋力营救老师和同学，表现出非凡勇气、顽强意志和可贵的爱心。他们无愧为四川教育人的杰出代表。

2. 德育资源的教育价值

全面总结和深入挖掘这些丰富生动的德育资源，弘扬伟大的抗震救灾精神，对于青年一代继承中华民族传统美德，知恩图报、服务社会、热爱祖国，坚定中国特色社会主义的共同理想，增强中华民族的凝聚力，具有重要的教育意义。

第一，赈灾过程中形成的德育资源内容丰富，内涵深远。既呈现了党和国家领导人、各级政府部门和人民军队在救灾中的职责和重要作用，又表现出至善至美的道德情感，还反映了志愿者的爱心行动，为德育工作提供了全面而生动的资源。

第二，赈灾过程中形成的德育资源具有“体验”价值。学生在不可替代的亲身经历中，感受到发自内心的震动，产生振奋向上的力量。对于灾区师生来说，赈灾过程甚至就是一种道德的高峰体验过程。而这种体验，对道德品质的形成具有不可或缺的意义。

第三，赈灾实践提供了重新审视德育工作、重新评估学生道德状况的实证资料。例如，我们在漩口中学了解到，等待救援的师生好不容易找到的几碗方便面，从十几个同学手里传回到校长手里时，面没有动，只少了一些汤。这一情景与课本里“上甘岭坑洞里的一只苹果在干渴的战士们手中传递”的故事简直一模一样！从这些孩子身上我们看到“80后、90后”的精神风貌，说明长期以来的德育工作是有实效的，其中有些原则方法值得肯定和坚持，也说明社会对他们的某些消极评价需要重新忖度。

3. 德育资源的传承利用

第一，充分运用德育资源，广泛开展感恩教育

大量灾区学校自发开展感恩教育，是自主利用赈灾德育资源的一种重要途径。事实上，开展感恩教育既是对师生情感的引导和升华，也成为解决德育工作中实际问题的一种有效尝试。

德阳市举行5·12周年纪念学生诗歌朗诵会

一方面，开展感恩教育，有利于平复师生心理的创伤，鼓舞生活的勇气，形成完善的人格；有利于建立和谐的亲子、师生、同学等社会关系；从而有利于灾区教育乃至社会生活的更好重建。另一方面，在灾区个别学生中存在等待依赖心理突出、缺少责任心、浪费等负面现象。出现这些现象有学生心理、学校管理等多方面的原因，亟须通过包括感恩教育在内的多种教育途径加以纠正。

我们在灾区学校调研了解到，经历大灾之后，一些消极负面的情绪和言行的确存在于部分学生之中。针对这些问题，一些灾区学校尝试将常规德育工作和日常教学管理相结合开展感恩教育。例如，北川中学通过“心存感恩，成就人生”为主题的感恩系列教育活动，引导学生做到“五个学会”，懂得“真感恩”：学会孝敬，不让亲人为自己担心；学会节约，不浪费粮食和水电；学会关爱，自觉帮

助身边不如自己的人；学会珍惜，主动创造良好的学习生活环境；学会奋斗，立志成才回报社会。实践证明，北川中学的感恩教育取得良好效果，学生精神面貌得到明显改观。

在灾后重建两周年之际，四川省教育厅印发《关于在灾区中小学开展感恩教育活动的通知》① 和《关于在全省中小学大力开展“感恩·奋进”大家唱系列活动的通知》②，对全省中小学未来三年的感恩教育活动进行全面部署安排，引导学生发奋学习、自立自强，进一步深化热爱中华民族、热爱社会主义祖国、热爱中国共产党的情感和建设国家的公民责任感，进一步增强感恩教育的现实意义。

第二，充分运用德育资源，促进德育课程改革发展

在德育课程中利用赈灾的宝贵遗产，有利于增强教育实效，并从长远上促进品德教育的转型发展。当前的思想品德教育普遍存在注重知识讲授、实效性和针对性不强，不受学生欢迎等问题。究其原因，与德育素材和学生生活疏离、难以引起学生共鸣有密切联系。充分挖掘和利用这些德育资源，能够克服问题情境不够真实、案例远离学生等问题，实现品德教育内容的创新。同时，由于全体学生都身处这一重大实践过程中，具有切身的道德体验和强烈的道德判断，有利于思想品德教育注重情感体验和情境分析，改变过度知识化倾向，实现教学方式的创新。

在德育课程中利用赈灾的宝贵遗产，还有利于推进公民教育，增强思想政治教育实效，并从长远来看促进思想政治教育模式重构。由于中小学生直接参与政治生活的机会很少，理解政治常识存在一定困难。赈灾实践通过学生置身其中的事实，全面展现了中国特色社会主义制度的特点和优势、中国共产党的领导、国家的职能、人民军队的作用、志愿者和社会力量的作用，充分反映了现代社会中个人与他人、个人与社会、公民与国家的关系。紧密围绕这些事实和关系，开展公民教育，作为对思想政治教育的补充，能够帮助学生以小见大、见微知著、由感性到理性，更好理解国家、政党等政治常识的重要内容，增进对现代国家、社会的认知，增强公民意识，形成社会共同价值观念。从现代社会发展趋势来看，公民教育也是现代社会发展对教育的要求，是教育未来发展的需要。

① 川教〔2010〕118 号.

② 川教函〔2010〕466 号.

北川中学的新生之路①

——“多难兴邦”的一个注脚

2008 年 5 月 23 日，温家宝总理来到绵阳长虹培训中心，在北川中学高三（1）班的黑板上写下“多难兴邦”四个大字。“难而后兴”是中华民族经历国殇的历史必然回馈，也是北川中学感恩、自强的新生之路。北川中学的新生，是对“多难兴邦”的具体注脚，更是对国家、社会和自己的应有交代。

北川中学在长虹培训中心的临时校区

大　爱

5 月 12 日地震发生后，北川中学两栋五层教学楼垮塌，师生死亡和失踪上千人。此时的北川中学，“除了一口气，还有一个校牌，什么都没有”。面临史无前例的巨大困难，学校得到了全社会爱如潮水、情深似海的关心和帮助。

胡锦涛总书记、吴邦国委员长、温家宝总理等党和国家领导人来到北川中学旧址或长虹培训中心，看望慰问师生，温总理更是七次来到北川中学，给学生上课，和师生共度除夕，和残疾学生亲切交谈，勉励大家“昂起倔强的头颅，挺起不屈的脊梁，向光明的未来，前进！”四川省省委书记刘奇葆、省长蒋巨峰也先后来学校看望师生。党和国家各级领导的关怀，带给全校师生莫大的精神抚慰。

① “地震遗产挖掘、赈灾经验总结”子课题组. 执笔：欧阳芸. 北川中学的新生之路——“多难兴邦”的一个注脚［J］. 教育科学论坛，2010，(2). 有删改.

政府先后拨付救灾应急资金、抚慰金近亿元，世界各地、社会各界纷纷伸出援手，有多家单位争相表示捐建新北川中学的意愿。电脑、电子白板等先进的教学设备，功能齐备的康复中心，各种奖学金、慰问金……企业、个人，方方面面的大量捐赠款物汇成爱的河流。最多的一天，学校接待了90多个记者，主持了15个捐赠仪式。

最终由中国侨联发起“援建北川中学计划”，用来自港澳台同胞、海内外侨胞的捐款来新建北川中学。

来自中科院、复旦大学的志愿者长期开展心理援助；四川师范大学、绵阳师范学院等高校的学生长期开展课外辅导；首都师范大学、天津体育学院等高校帮助开设了科技活动课和音乐、舞蹈、美术、体育等特长班，为更多学子铺平成才的道路。绵阳市教育局从市直属中学抽调36位优秀教师前来长期支教，绵阳市教科所也加盟指导学校科研和课堂教学。

感　恩

亲历大灾与大爱，全校师生内心都受到强烈震动，北川中学以此为契机深入开展了感恩教育。通过“心存感恩，成就人生”为主题的感恩系列教育活动，引导学生做到“五个学会”，懂得“真感恩”：学会孝敬，不让父母（亲人）为自己担心；学会节约，不浪费粮食和水电；学会关爱，自觉帮助身边不如自己的人；学会珍惜，主动创造良好的学习生活环境；学会奋斗，立志成才回报社会。

北川中学（长虹培训中心）宣传栏

·感恩镜头·

学校广播里播放《感恩的心》《说句心里话》《母亲》《父亲》等感恩主题歌。

学生会自发组织20多名学生到绵阳龙门敬老院打扫卫生，写对联，和老人聊天，表演节目。

高三（1）班54名同学做贺卡、做纸鹤、做小船，把一串串相思汇聚在小小的贺卡和纸鹤上，寄给在地震以后关爱他们的人。

寒假，学校与长虹集团联合举办了“我们是一家人”感恩活动。

2008年9月10日下午5点50分，36个同学手持班主任的遗像照毕业相，然后三三两两的学生抱着老师的相框开始分组留影纪念。

·感恩格言·

换一种角度去看待人生的失意与不幸，怀着感恩的心生活，生活将赐予你灿烂的阳光。

我们将记住为我们成长付出心血的人们，我们将学会帮助身边每一个人。

我们幸存的师生会更加坚强地活下去，我们要记住帮助我们的人，我们怀着感恩的心，要做对社会有用的人！

自　强

开展感恩教育不仅要培养师生受人恩惠的感怀感念之情，更要让学生树立自立自强的意识和回报社会的愿望。2008年5月19日，北川中学508名高三学生，在集体清唱的国歌声中复课。一年多以来，学校师生在长虹培训中心，克服重重困难，逐步回归到正常的学习和生活中。大家明白，“面对灾难，我们必须学会坚强，只有这样，才能对得起各方的关爱。”“在战胜灾难中超越自我，在自立自强、拼搏奋斗中赢得尊重。”这是师生从大地震中悟出的感言。

·自强镜头·

地震发生后，北川中学共有残疾学生100余人，其中42名截肢。他们坚强地战胜伤痛，积极参加康复训练；在主动接受帮助的同时，努力学习今后生存所需的文化知识。

学生会、校团委成立起志愿者服务团，班级或寝室成立“1+3”帮扶小组，接送残疾同学上课，替他们打饭，帮助他们参加文体活动、融入校园生活。

上坡处，一个女孩坐在轮椅上前行。李老师走上前想推她上去，女生笑着说：“谢谢老师！让我自己来，今后的路总要我自己走啊！”

·自强格言·

我要考大学，虽然残疾了，但我不是废人！

无论遇到怎样的挫折，你还是要走下去！这就是生活——过去种种美好的生活都已过去，要想再次拥有幸福就得自己奋斗！为生活为自己，要奋斗不止！

北川中学（长虹培训中心内）标语

新 生

犹如凤凰之涅槃，经历了地震灾难的浴火考验，北川中学在全社会的关心支持下，自立自强，传承学校65年“正德惟和，实干创新”的办学思想，走上一条新生之路。

·师生新风貌·

师生的新生是学校新生的根本。中国科学院心理研究所、复旦大学在板房教学区长期开设“心灵花园”和“安心屋”，190多名教师接受了心理康复服务。学校努力营造和谐校园氛围、支持性的工作环境和人际关系，通过多种途径解决现实困难，有效改善了教师身心状态。目前，教师的心理创伤和负面情绪已基本消除，“以校为家”的理念在每个教师心里确立并表现在工作中。“要对得起社会的爱心，对得起这样好的硬件设施”成为老师们常挂在嘴边的话。他们重新站在讲台上，克服种种困难，在更加忙碌的教学和日常管理中，践行着为人师者的责任和奉献。

学生已成为北川中学一张张流动的“名片”，他们的言行是长虹培训中心一道亮丽的风景。200 多亩的校园，没有一位清洁工，只有 4 个垃圾桶，却不见纸屑、口痰和剩饭，任何时候都不需要突击大扫除；每当有接待任务，他们总是身着干净整洁的校服，在升旗台上载歌载舞；面对领导询问和记者采访，彬彬有礼，谈吐自然；在企业家和爱心人士赞助时，总是相互谦让，希望比自己更需要得到帮助的同学首先获得温暖；每天都会遇到残疾学生在同学的帮助下去学习、就餐……课余时间，学生们踊跃参加唱羌歌、跳羌舞等艺体培训活动。北川学子的脸上透着阳光和自信，身上洋溢着青春和奋进的气息，更加懂得了生命、责任和感恩的意义。

·德育常态化·

学校领导和教师充分认识到德育工作的重要性，利用丰富的德育资源，组织开展灵活、有效、多样的专题教育活动，使德育工作常态化并真正得到落实。例如，组织观看《隐形的翅膀》《雷锋》等电影并写观后感；举行“关注健康、珍爱生命、快乐学习”主题教育活动；利用节假日，自发组织“小手牵大手，共建文明社区”“自力更生，共创新家”活动，传递“自强不息、艰苦奋斗、自力更生、不等靠要”等良好品德，推动家庭和社区的灾后重建。

成立学生自主管理委员会，加强学生自主管理是德育工作常态化的一项重要举措。委员会针对学生反映的问题，定期和学校各部门进行联系，上传下达，推动了校园精神重建。例如，2008 年 12 月，当学生中出现浪费苗头时，学生自主管理委员会通过大面积的调查访问，撰写调查报告，开展了“由俭入奢易，由奢入俭难”演讲比赛等活动，并发出倡议：“灾后，我们得到了不同程度的帮助，度过了一个温暖的冬天，希望每位同学珍惜这些捐赠的物品和善款，合理安排生活，不浪费，不攀比，养成生活俭朴的好习惯。”活动取得很好的效果，不良倾向得到遏制，学生精神面貌大大改观。

·教学出成果·

学校构建“团队管理模式”，整合外援力量，对恢复教学秩序、提高教学质量发挥了重要作用。绵阳市教育局从直属学校抽调精兵强将，组成六个特色团队，分别负责帮助初一到高三的一个年级。每个团队都与原学校资源共享，大大减轻了教师的工作压力，更带来了新的教学组织方式、管理理念以及很多宝贵经验，提升了学校的教学质量。

在非比往昔的情况下，2008 年高考全校 593 人参考，本科上线 113 人。2009 年 432 人参考，本科上线 140 人。这是全体学生不畏艰难、追求理想的成果，是全体教师兢兢业业、坚守岗位的回报。

·校园新面貌·

长虹培训中心里，一排排板房蓝顶白墙，水泥地面干干净净，宣传栏上有安全自救知识、同学们的感言以及许多自强励志的名言警句，教室里的同学或在专心聆听，或在积极思考，或在热烈讨论，教室外的小树，虽不是高大挺拔，却在努力生长……这是目前北川中学的临时校园，也会是所有北川师生终生难忘的心灵家园。

新建中的北川中学位于北川县城新址永昌镇，投资近两亿元，建筑面积达7.2万平方米，占地面积15万平方米，抗震强度为8级，可供5200名学生学习和寄宿。新校园融合羌族特色，宿舍、食堂、教室均设计有残疾人无障碍通道等便利设施。新的北川中学将成为北川学子安心学习的乐园，成为爱心铸就、人民放心的现代校园。

美丽的北川中学新校园

“今天，是一个传奇，是一个充满希望的特殊经历。明天，是一个梦想，是一个羊角花盛开的温馨校园。”新生的路还漫长，我们并肩牵手，一路前行。

三、学校安全制度分析

随着现代科技、经济的飞速发展，新的安全问题日益凸显，学校防灾减灾的任务也日益加重。“5·12”学校受灾情况表明，是否拥有成熟的安全制度与学校受灾程度直接相关。因此，建立具有成熟特征的学校安全制度已成为学校发展的迫切需要，将学校安全制度纳入现代学校制度体系之中，有利于降低各种灾害对学校的伤害，保障师生生命安全。

两年来，课题组人员先后十多次深入到青川县、利州区、江油市、安县、北川县、绵竹市、都江堰市等重灾区学校进行实地调研，收集了大量学校安全教育方面的第一手资料。此外，还通过大量案例研究、电话访问等方式与雅安地震灾区取得联系，共同探讨学校安全教育的经验。通过拓展调查、反复分析，课题组得到如下启示。

（一）建立成熟的学校安全制度

虽然基本上所有学校都有安全制度，但只有成熟的安全制度才能有效地实现安全保障。成熟的学校安全制度必须具有“有效性”，主要通过以下几方面得到保障。

1. 在人、财、物上落实安全保障

安全制度中首先要落实抓安全工作的责任人。例如，安县教育局从2002年便设立了“安全办”，专门成立有“安县教育系统安全工作领导小组”，全县各中小学、幼儿园也都有自己学校的“安全工作领导小组”，有专人负责抓安全工作。其次，要有必需的学校安全保障经费和安全设施场所如学校避难所，用于支撑安全制度的常规化和日常化。例如，桑枣中学将学校划分为8个安全责任区共39项具体工作责任事项，落实到安全工作小组的人头上，做到职责明确，分工协作。

2. 将安全制度文件“校本化”

很多学校根据国家发布的安全制度制订了一系列的文件，诸如：《学校安全保卫制度》《食堂卫生安全制度》《学校消防安全制度》等。可是这些制度没有体现自己学校的特色。成熟的学校安全制度是根据自己学校安全工作的实际制定出的相应规章制度。

不同环境中的学校有特别的安全事项，各学校要根据本校具体的情况制定相应的安全制度。比如：学校地处交通要道，门口特别拥挤，可能就要专门制定“学生进出校门的管理规定”；学校有游泳池，就要专门制定“学生游泳安全管理规定”等。针对性强，才能让安全制度真正有效。

3. 建立岗位责任制度和问责制度

在责任承担上必须涉及教育行政管理部门、学校管理层和教师团队以及社会有关部门。如：安县安全制度中规定：各中小学学校校长、幼儿园园长、社会力量办学负责人是抓安全教育工作的第一责任人，对本学校的安全工作负总责，依法制定并落实各项安全措施。安全责任层层落实到人头，校长与班主任、年级组长、各科室主任、学生家长签订安全责任书。只有建立有岗位责任制度和问责制度，学校的安全制度才能真正得到保障，落实到位。

（二）多途径落实安全制度

除了加强安全制度的督促检查外，有必要通过安全教育课程的实施及安全演练对师生进行安全意识的培养和安全技能的训练，使安全制度能真正落实。如安县桑枣中学将安全知识学习课和实践训练课纳入了学校课程计划中，安全教育作为校本课程，编入课表进入课堂。学校自编了《安全工作必读》《桑枣中学安全教育常识》《中小学生自我保护宣传》等安全教育资料，要求教师在上安全教育课前，参阅以上资料认真备课。2004 年秋季以来，学校规定每周星期二的第一节晚自习为全校各年级各班的安全教育课。

学生只有掌握了安全知识，具备很强的安全意识，才会高度重视安全问题。而安全技能也是要通过长期坚持不懈的演练，才能转化为学生的应急处理能力。

（三）对学校安全制度发展的思考

1. 将安全制度纳入现代学校制度

成熟的学校安全制度必须具有“现代性”，要反映先进的、现代的安全教育理念，解决新生的、突发的安全问题。

现代学校学生人数多，生均面积小，人群聚集，存在的安全问题也日益增多。随着现代社会高科技的发展，许多不曾预料的潜在危险带来很多安全问题。预防学校传染病、地方病、多发病及突发公共卫生事件，为学校师生创造卫生安全的学习生活环境，保护全校师生的身体健康和生命安全等都成了现代生活中安全的重要内容。

现代学校逐步向周围社区开放，这也给学校安全工作带来更艰巨的任务，因此学校必须采取相应的措施，解决因“开放”带来的安全问题。

此外，为了切实保障师生安全，还有必要制定专门的法律文件，比如《学校安全法》《校园安全法》等，真正实现“有法可依、有法必依”。

总之，安全制度已成为现代学校制度体系中一种必不可少的重要制度。而目前的现代学校制度体系中还没有把安全制度作为一个独立的制度单列出来，这是我们需要迫切解决的重要问题。

2. 形成校园安全文化

制度是一种强制性的规则，长期坚持这些安全制度，就会让师生养成安全的行为，这种行为是自觉的、长期的、稳定的，而不是暂时的、偶然的。从而，成熟的安全制度会逐步形成一种校园安全文化，师生都具有强烈的安全意识，具备基本的安全技能，教师会自觉将学生的安全管理作为一种责任，学生会将安全行为作为一种习惯，而不是一种被动的“遵守”，这种校园安全文化不再需要用制度来约束大家，文化远远超越了制度本身。

从以上对学校安全制度的分析中，我们建议在学校安全制度的重建过程中注意以下几方面的问题：

第一，国家要高度重视学校安全问题，要将学校安全制度纳入现代学校制度体系之中。第二，制定学校安全制度时，必须保证制度的有效性，使安全制度能真正落实，有效操作。第三，制定学校安全制度时，必须考虑制度的现代性，现代社会出现了很多以前不曾面临的安全问题，新的安全制度必须能够解决新的安全问题。第四，设置安全教育课程，培养师生的安全意识，坚持演练，使学生具备基本的安全技能。

"零伤亡"的奇迹绝非偶然①
——安县桑枣中学安全教育案例

桑枣中学是四川省绵阳市安县一所普通初级中学。2008 年 5 月 12 日，全校 31 个教学班的 2200 多名师生用了 1 分 36 秒，紧急疏散到操场上，无一伤亡。在 8.0 级大地震中创造"零伤亡"的记录是奇迹，也是灾前预防教育的成功案例。一所普通中学校，何以成为典范、创造奇迹？是偶然？还是必然？让我们把视角投向灾前的桑枣中学，看学校是如何抓好安全教育的。

一、桑枣中学正视现代学校的安全问题，有强烈的安全隐患意识

现代学校办学规模越来越大，人口密度远远超过以往，很容易因拥挤而造成踩踏事故，存在着不同程度的安全隐患。桑枣中学也面临着这些相同的问题。难能可贵的是，桑枣中学敢于直面现代学校存在的安全问题，有强烈的安全隐患意识，充分尊重学生的生命价值，真正践行"以人为本"思想，从下面两件事可窥见其一斑。

（一）正视学校现实的安全问题，坚持开展疏散演练

到 2004 年春季，桑枣中学在校生人数达到 2265 人，共 30 个教学班，班均学生数为 75.5 人。而学校占地面积仅有 25.5 亩，总建筑面积不到 8000 平方米。由于学校人口密度太大，极易造成拥挤和踩踏事故，安全压力很大。尤其是住着近 1100 名女生的 2 号公寓，出口仅有两个，每个出口仅 2.5 米宽，非常狭小，若遇紧急情况，很难确保学生在短时间内能够安全有序地撤离。

---

① "地震遗产挖掘、赈灾经验总结"子课题组．执笔：王霞．"零伤亡"的奇迹绝非偶然——安县桑枣中学安全教育案例［J］．教育科学论坛，2010，(2)．有删改．

学校结合本校存在人多，校园面积小，学生住宿楼和教学楼出口少、出口小等安全隐患的实际，从2005年秋季起，每学期都要举行一次消防应急疏散演练。

正是由于学校长期坚持安全教育，组织每学期1—2次的学生安全应急疏散演练，才使得全校2200多名师生在汶川大地震来临时临危不惧、沉着冷静，仅用了1分36秒时间全部撤到安全地带，创下了大震无一人罹难的奇迹。学校被教育部评为首批“抗震救灾先进集体”，被共青团中央评为“全国平安行动先进学校”，被中国红十字会总会训练中心授予“全国紧急避险和救护培训示范基地”。新修订的《中华人民共和国防震减灾法》吸纳桑枣中学的经验，对学校地震应急知识的宣传教育和应急救援的演练增加了规定。

（二）居安思危，加固实验大楼

震前的桑枣中学有两栋学生教学楼，一栋是1985年修成的实验教学楼，一栋是2001年修成的综合楼。实验教学楼于1983年下半年动工，共四层高。由于当时经费有限，建筑质量不是很好。

桑枣中学多次加固的教学楼

1995年，叶志平任校长后，多次组织研究维修实验教学楼的对策，决定用3年时间对这栋楼进行大修，以避免出现安全问题。应该说，学校强烈的安全隐患意识，防微杜渐，避免了很多安全问题的爆发。

地震当天，这栋实验楼上有近800名师生。“如果没有这些加固措施，这栋楼在地震中肯定倒塌”，2008年5月28日，国家地震局官员对该楼考察后如是说。

二、桑枣中学把安全教育制度作为现代学校制度的重要组成部分

现代学校制度是指能够促进学生、教职工、学校、学校所在社区的协调

和可持续发展的一套完整的制度体系。它包括教学、教务管理方面的制度，财务管理方面的制度等一系列涉及学校各个领域的相关制度，其中安全教育制度已成为现代学校制度体系中非常重要的一项内容。可是，很多学校并未对安全教育制度的建设引起足够的重视。非常可贵的是，桑枣中学多年来一直重视学校安全教育制度建设，并且把它作为现代学校制度的一个重要组成部分来抓。

近年来，学校根据实际情况逐年修改、补充，进一步完善了《后勤服务中心安全管理制度》《安全工作考评制度》等47项安全规章制度，形成了一本校本教材——《安全工作必读》。桑枣中学的安全规章制度涉及面宽、条款非常细，分门别类，对各个部门、各个环节的安全管理都有具体规定，因此，学校师生都形成了共同遵守这些安全规则的习惯。

桑枣中学的安全制度宣传栏

三、桑枣中学长期坚持不懈狠抓安全教育工作的落实

（一）健全管理机构，确保各机构职责的落实

桑枣中学为了抓好学校安全教育工作，专门建立了学校安全领导小组，统筹协调学校安全工作。根据实际情况，学校设置了很多具体的安全工作小组，如学校保卫组、教职工安全值班组、学生干部安全队伍、防御自然灾害小组、学校夜间巡逻保卫工作小组及食品安全卫生与食堂管理小组等。

桑枣中学将学校划分为8个安全责任区，落实给各安全工作小组，做到分工明确，协同配合，确保平安。学校还把安全工作细分为39项具体任务，分派到每个人头上，落实“一岗双责”、人人抓安全的有效体制。

（二）定期、不定期的安全检查，及时排除发现的安全隐患

校长、分管副校长定期在开学前、期中、期末组织专人对本校各种建筑、设备设施和食品卫生进行彻底检查。分管副校长不定期组织有关人员进行安全检查。

在检查中发现的安全隐患，及时逐个分析研究，落实整改时间、经费、责任部门和责任人，以便及时排除。对安全隐患的排查和整改基本上实现了经常化、制度化。

各班每月坚持开展安全自查工作，让学生自己发现身边不安全的隐患，达到自我教育和自我保护的目的。

（三）认真落实安全教育的课程

近年来，学校自编了《安全工作必读》《安县桑枣中学安全教育常识》《中小学生自我保护宣传》等安全教育资料，内容涉及日常安全防范知识的方方面面。要求教师在上安全教育课前，参阅以上资料认真备课。

2004年秋季以来，学校把安全教育课纳入学校的统一课程，规定每周星期二的第一节晚自习为全校各年级各班的安全教育课。初一、初二、初三各个年级安全教育课程的内容、侧重点都不一样，学校教导处负责对安全教育课进行教学评价。

为了上好安全教育课，学校还培养专职的安全课教师，经常派教师到外校、外单位进行交流学习，以提高安全教育的水平。

四、桑枣中学安全教育已逐步形成一种学校安全文化

桑枣中学的学生具备一定的安全知识后，已逐步养成安全的行为，这种行为是自觉的、长期的、稳定的，而不是暂时的、偶然的，从而让学生形成了安全的价值观，逐步形成了一种校本化的安全文化。这种文化已日益促进了学校各方面的发展。

（一）教师们更新了自己的教学观念

教师们逐步改变了过去在教学中只注重安全知识的传授，而忽视学生的基本生存技能训练的现象，树立起了为学生的健康成长而提供多方位教育的观念。还坚持把安全教育有机地融入学科教学之中，充分利用各学科的安全资源对学生进行安全教育。近几年来，教师们更加关注学生的心理安全，通过学生的习作、日记、周记，及时了解学生的心理动态。例如，初一学生进入初中的变化，初二学生的思想变化，初三学生的理想，并安排班会或组织其他活动进行及时调整。

（二）学生们更加重视安全教育活动

学生们在每期 2—3 次的疏散演练的时候，不再嬉笑打闹，当作做游戏，而是非常认真地对待。他们明白，轻视安全就意味着轻视生命。每周的安全教育，他们都十分认真地听老师讲课，工工整整地记笔记。他们十分清楚安全教育是受益终身的教育，有安全知识才能守护生命。

（三）建立了卫生保健工作指导服务站

学校在 2007 年 4 月 19 日突发公共卫生事件后，加强了与镇卫生院的协作，建立了学校卫生保健工作指导服务站，预防传染病、地方病、多发病及突发公共卫生事件，为学校师生创造卫生安全的学习生活环境，保护全校师生的身体健康和生命安全。

（四）开展“警校共建”，确保学生安全

为让学校有一个宽松和谐的教育环境，桑枣中学与当地有关职能部门开展了“警校共建”工作。学校成立了以校长为组长的警校共建领导小组，在经费上给予大力支持，指定专人负责日常工作，将“警校共建”当作一项大事来抓。学校和各职能部门定期召开有关会议，加强相互之间的联系，力争将每一项工作落到实处。

由此可见，桑枣中学创造的奇迹绝非偶然，而是长期坚持不懈努力抓好学校安全教育工作的必然结果。“责任高于一切，成就源于付出”，这是桑枣中学安全工作的出发点，是对学校教育工作者最基本的要求，它经历了责任约束、制度规范、知识引领、文化熏陶这四个阶段，从而构建出学校安全教育的一个完整体系，成为现代教育不可缺少的一部分。由此，我们看到，安全贵在坚持、落实。

学校的安全教育制度建设已成为一项不可忽视的重要工作，必须将安全教育制度作为现代学校制度的一项重要内容来抓。有了安全教育制度作保障，有了长期坚持不懈的安全教育工作，面临灾难时我们才可以将灾难造成的损失降到最小，才能守护更多的宝贵生命，才能创造更多的奇迹。

雅安市25万中小学生安全脱险[①]

雅安市是全省六个重灾市州之一，与震中映秀镇接壤，边界距离不到30公里。汶川特大地震发生后，全市近25万中小学生幼儿园小朋友在大地震中有序撤离，安全脱险，只有2名学生在地震中不幸丧生，没有发生一起拥挤踩踏伤亡事故，学生的生命安全得到有效保护。我们对此进行总结分析，提出突发大地震时大规模有序安全转移中小学生的经验，主要包括以下五大要素。

一、第一要素：抢救学生生命的关键是抓住3分钟的“钻石时间”

在突发大地震中，抢救中小学生生命的第一要素是什么？抢救生命的关键是什么？第一要素是时间，时间就是生命。人们普遍认为地震发生后72小时是抢救生命的“黄金时间”。我们在安全撤离25万中小学生的过程中还发现了比72小时“黄金时间”还要宝贵得多的“3分钟时间”，我们称之为“钻石时间”。这3分钟里，每一秒都非常宝贵，每一秒钟都会挽救很多学生的生命。如果我们错过这个时间，就要付出几倍甚至几百倍的努力，付出很大的代价，也未必能取得好的效果。

二、第二要素：具有崇高师德的现场教师是抢救学生生命的第一主体

宝贵的“钻石时间”是客观的，需要人去抓住、去掌握，才能发挥巨大的作用。而可以和能够抓住这个时间的不会有其他人，只有教学现场的教师。

地震发生时，很多中小学老师正在教室准备上课，很多幼儿园老师正在睡眠室守护熟睡的幼儿。这时，教室突然强烈地晃动起来，老师们在各自的教室里、教学楼里临危不惧、沉着镇静、快速有序有效地在3分钟的时间里疏散、撤离、转移了学生，很多老师都是在学生走完后才最后撤离教学楼。一个教室里的任课教师挽救了一个班几十个学生的生命，一个教学楼的十几个、二十几个教师挽救了几百上千个学生的生命，在全市的一座座教学楼里的现场教师协助挽救了25万学生的生命。

三、第三要素：挺身而出的现场指挥是教学楼里抢救学生生命的核心人物

一个班的上课教师可以指挥、疏散班上几十名学生，而一个教学楼里少则有七、八百个学生，多则有一两千学生。如果在疏散、撤离过程中没有一个现场指挥，就容易出现学生乱冲乱跑的局面，造成混乱、堵塞和踩踏的严

---

① 雅安市教育局供稿，执笔：李明清，审稿：衡彤，选用时有删改.

重后果，还可能因此延缓撤离时间，一旦楼房垮塌，容易造成大量学生死亡的惨剧。

地震发生时，很多学校的教学楼里都有挺身而出的现场指挥。他们有的是校长，有的是学校中层干部，有的是来校开展教育教学研究工作或检查工作的上级部门领导或工作人员，有的是教学楼里的教师。他们大多站在“楼梯拐弯处的边上”这个最危险但同时也是最重要、最有效的位置，沉着镇静地指挥学生有序撤离，快速疏散，保证了学生的生命安全。

四、第四要素：挽救学生生命的第二主体就是学生自己

大地震突然发生，要在3分钟内快速、有序、安全地转移教学楼里成百上千的学生，学生自己的作用和表现也非常重要。在疏散撤离过程中，学生的表现给我们许多启示。第一，学生们珍爱生命的意识较强。第二，学生们发挥主动性，积极撤离避险，不少学生还主动协助老师做好同学的脱险工作。第三，多数学生在老师的指挥、带领和感染下，有序撤离，展示了较沉着、镇静的心理素质和较好的规则意识。第四，学生具有一定的脱险自救能力。

五、第五要素：8年安全文化教育是学生安全有序脱险的根本保障

雅安市25万中小学生幼儿园小朋友有序地安全转移、疏散，存在一些偶然因素，但必然与持续8年的安全文化教育工作密切相关。这些工作主要体现在以下五个方面。

第一，培养教师良好的职业道德，培养师生的安全意识和规则意识。市教育局编印了《中小学生交通安全常识读本（中级本）（试用）》1万多册，免费下发，组织学生轮流学习。市教科所编印了论文集《规则意识培养》，以内部刊物的形式印刷，免费下发给教师学习。市教育局还与市公安局合作开展中小学生交通安全征文活动。

第二，广泛开展培养学生自救意识和自救能力的活动。2002年以来，市教育局与市消防支队合作，组织学生学习防火救灾知识，开展消防知识竞赛和消防逃生疏散演练，培养学生在火灾中的自救意识和自救能力。2006年以来，市教育局还与市地震局等单位合作，组织中小学生学习防震减灾知识，开展防震减灾活动，建立了11所防震减灾科普示范学校，每县（区）至少一所，有的县（区）两所。学生们通过学习与活动形成的自救意识和自救能力在此次大地震撤离疏散时发挥了重要作用。

第三，建立学校安全工作体制，层层落实安全职责。2001年，市教育局成立学校安全工作领导小组，2005年成立学校安全办公室。县（区）教育局和学校也随即成立县（区）安全办公室，形成市、县、校三级安全工作体制。

第四，建立学校安全工作机制。2000 年以来，市教育局先后制定、修订了《学校安全工作的若干规定》《预防学校重大安全事故方案》《雅安市学校安全工作目标管理细则》《雅安市教育系统学校事故灾害突发事件应急救援预案（试行）》《雅安市教育系统公共突发事件应急处置预案》《雅安市教育系统地震应急预案》等，不断完善安全工作长效机制。

第五，常规管理、教育活动、专项整治和重点整治四结合，把学校安全工作落到实处。市教育局在开学初和期末进行安全常规大检查，平时要求学校按时上报安全方面的信息、数据。2004 年和 2006 年，市教育局两次在全市中小学幼儿园开展加强楼道管理的重点整治活动，平时还大量开展各种形式的中小学安全教育活动。

四、志愿者在教育领域赈灾中的优势、作用及对志愿者制度的初步思考

2008 年被称为中国志愿者元年，志愿者在包括教育领域在内的整个赈灾实践中发挥了积极作用。分析志愿者工作的特点和优势，梳理志愿者的工作和贡献，探讨志愿者工作的问题和不足，研究志愿者工作的长效机制，对充分发挥志愿者作用，促进志愿者本身和现代社会发展具有长远历史意义。

（一）志愿者在教育领域赈灾中的优势和作用

大量志愿者积极投身教育领域赈灾实践，充分发挥其灵活、柔性、数量庞大、行动迅速等优势，通过开展现场救援、捐款捐物、支教支学、心理调适、师资培训、文体活动等各类救助，为灾区师生传递信心和希望，为灾区学校渡过难关提供专业帮扶，成为政府功能的重要补充；长远来看，还对唤醒和培养公民意识、建设现代社会具有重要意义。

1. 数量庞大，行动迅速，强烈传递社会大爱和希望

根据共青团四川省委不完全统计：抗震救灾期间，团省委累计接受志愿者报名 118 万余人，有组织派遣志愿者 18 万余人，开展志愿者服务达 178 万人次。以上数字，还不包括民间自发组织的志愿者和无偿献血的志愿者。有人推测，汶川大地震中的志愿者超过了千万人。直到 2009 年 5 月，仍有超过 5 万名志愿者在灾区服务。①

这些志愿者往往在第一时间以接近本能反应的方式、用满腔热情投入到救助

① 江毅．中国志愿者在 2008 年开创自己的时代．

活动中，他们募集携带救灾物资，来到灾区学校社区，参与现场救援，关怀儿童老人，开展心理救助，以各种方式贡献力量。以华人心理分析联合会牵头建立的“北川中学心灵花园工作站”为例，从地震发生后在川志愿者直奔都江堰和汉旺等地开始救援，到正式建立工作站进入工作常态，只花了 6 天时间，行动非常迅速有效。

北川中学心灵花园工作站

来自全国乃至世界各地、各行各业的志愿者迅速密集来到灾区，使灾区师生强烈感受到，全社会都在关心关注他们，都愿意出钱出力帮助他们，这对他们重燃希望、树立信心具有特别重要的意义。在当时的电视节目中，总是可以看到身处困境的人由衷地表达这些意思，“感谢那么多的好心人，我们会坚强活下去……”

2. 积极发挥专业特长，努力为学校发展提供有效帮扶

教育领域的志愿者工作涵盖着救灾、规划、重建等各方面，不少来自社会的志愿者主要通过捐献钱物、贡献劳务等提供帮助。作为教育领域志愿者工作的主要方式，许多来自专业机构的志愿者发挥专业特长，通过上课支教、心理抚慰、文体活动、学业辅导、师资培训等活动提供志愿服务。这些活动依靠专业的知识、技能和设备，解决师生面临的实际问题，促进学校发展。我们调研了解到，高等学校、科研院所是教育领域志愿者的主要来源，包括北京师范大学、四川师范大学、绵阳师范学院等为代表的大批师范院校，以北京大学、复旦大学、四川大学等为代表的大批综合院校，以中国科学院为代表的大批科研院所，都有大量师生和研究人员踊跃参与志愿服务，还有来自国内外其他机构和组织的大量专业人员，也用他们的专业力量为灾区学校排忧解难。

台湾地区 NGO 开展的教师培训活动

相当数量有组织的志愿者克服各种实际困难，采取轮班前往、老带新、建立工作站、与其他组织联合等多种方式，建立长效机制，持续深入开展援助，在学校恢复、重建、发展的不同阶段，提供有针对性的服务，取得良好效果。例如，中国科学院心理所拟定灾后心理援助 5 年工作规划，先后设立 6 个各具特色的心理援助工作站——绵竹站、北川中学站、德阳人民医院站、绵阳站、什邡站和四川司法警院站，并在成都成立心理危机干预中心，至今仍在运转。又如，北京师范大学心理学院与德阳市教育局正式签署为期三年的心理援助协议，建立 11 所心理健康实验基地学校，设立北京师范大学心理学院德阳工作站，持续开展心理援助。

3. 工作灵活，富有柔性，成为政府功能的重要补充

与政府部门相比，志愿者及其组织在构架上更加简单，工作方式比较灵活，更具弹性和柔性，往往能够更好地关注到具体的个人和处于边缘的群体，照顾到政府力量一时难以顾及的盲区，从而成为政府发挥主体功能的重要补充。

例如，我们在安县调研了解到，来自成都的一个志愿者联盟选择名气相对较小、受关注较少的学校，结合自身实力，多次组织慰问师生，带来各类生活必需品和现金，亲自参与各项服务活动，不求任何回报，使全体师生深受感动。又如，在汶川的某些志愿者以家庭为切入点，来到学生家里，通过辅导孩子作业、疏导家长情绪以及解决力所能及的实际困难等多种途径，帮助学生走出地震阴影，重建亲密、常态的家庭关系，取得良好效果。

大学生志愿者和孩子们一起做游戏

4. 志愿者现象对唤醒和培养公民意识、建设现代社会具有长远意义

解决实际困难是志愿者发挥的重要现实作用，影响未来则是志愿者具有的另一个重要作用。成千上万的志愿者在大灾面前的集中亮相及其发挥的积极作用，得到社会的广泛赞誉，成为灾难中的靓丽风景线。人们由此赞叹中国传统文化的守望相助、中国人的优秀民族精神，为良善之心和社会公德而欢欣鼓舞。这显然有利于唤醒和培养普通大众尤其中小学生的公民意识，引导人们认识个人对于他人和社会的责任，长远来看，必将有利于建设有道德、守秩序、讲责任的现代社会。所谓“志愿者元年”的意义正在于此。

（二）对志愿者制度的初步思考

在赈灾过程中，志愿者发挥了重要作用，但不可回避的是，志愿者在工作过程中仍然存在一些问题和不足，不利于充分发挥其作用，需要从制度层面加以思考和完善。

1. 认同志愿精神，提高专业素养

志愿者是志愿者组织运行所依赖的根本力量，是志愿服务的主体。志愿者素养直接影响着志愿服务的质量和志愿者组织的发展，提高志愿者素养因此成为提升志愿服务水平的重要途径。

首先，志愿者要深入理解和认同志愿者精神，按照发自内心的真实意愿参与志愿服务事业，真正做到不为名利，不计得失，善于坚持，以服务他人为乐，以奉献社会为乐。其次，志愿者要不断提升专业素养。这种素养表现为：尊重受助者，善于沟通协调，具有宽容、信任的品质，能够在面对困难和挫折的时候，依然坚持“奉献、友爱、互助、进步”的理想，千方百计继续工作。这种素养还表现为：具有良好的专业修养，能够准确评估和尊重对方的需要，能够运用专业知识和技能提供志愿服务并不断提高志愿服务质量。

2. 建立统筹协调机制，充分发挥志愿者作用

灾难发生后，大量志愿者无序涌入灾区，扎堆儿涌向某些关注度高、最容易被想到的地方；不少志愿者自身准备不充分，难以提供优质服务，更有甚者自己还成为被救助对象，为灾区增添负担；有些志愿者不了解灾区情况，盲目开展工作，反而为灾区带来困扰；还有些志愿者虎头蛇尾，使被救助者心理失落，影响学校工作开展……这些现象显然不能抹杀志愿者发挥的积极作用，但为了志愿者工作的进步，我们有必要加以反思。

建立统筹协调机制，成立或者借助已有机构，在赈灾开始之际，就着力加强对志愿者的调配、分工、合作，无疑十分必要。团委系统在这方面已经开展了大量积极工作，一些教育局和学校也安排专人负责志愿者协调，积累了有益经验，我们还需要从政府和志愿者、志愿者组织两个方面，进一步建立和完善协调机制，促进各类志愿者充分发挥作用。

3. 加强政府与志愿者的沟通衔接，形成救助合力

政府在赈灾中具有主导地位，发挥着主要作用，志愿者作为政府功能的补充，同样具有不可或缺的重要意义。遗憾的是，二者在某些工作中沟通衔接不够，甚至造成一些不必要的摩擦。绵阳市团委负责接待志愿者的一位同志谈及此问题时表示，在紧急而艰苦的救援状态下，在过去缺乏成熟合作经验的情况下，因缺乏充分有效的沟通衔接而产生误解是出现此类问题的主要原因。

因此，在工作过程中，政府与志愿者组织应该加强双方的沟通衔接，通过信息引导、资源共享等，建立良性有效的合作机制，共同形成救助的最大合力。

4. 建立志愿者服务体系，培育崇尚志愿精神的社会文化

不增加灾区负担、帮忙不添乱应该是志愿者的基本要求。但从提高志愿服务水平、促进志愿者发展的角度看，政府和社会仍然有必要为志愿者提供必需的支持和服务。例如，在指导管理、信息资金支持、培训提高、搭建交流平台、与服务对象的衔接沟通等方面，政府应该为志愿者提供更多更好的服务，逐步建立志愿者服务体系。要尽力减少志愿者工作障碍，为志愿者和志愿者组织创造良好的成长空间，吸引越来越多的人投身志愿服务事业，逐步形成人人热心公益、积极参与志愿服务的社会文化，最终实现公共利益、社会整体福利和社会文明的提高。

五、对灾后教育重建过程的认识

5·12 灾后教育重建过程具有显著的阶段性特征。每一阶段都面临不同的问题、具有独特的任务和相应的工作重点。本项研究特别关注了“抢险救灾阶段 ”、“恢复重建阶段”、“全面振兴阶段”。课题组研究了各个阶段所面临的主要问题和任务方面，揭示了各个阶段内在的联系，形成了具体认识。进一步提升就成为理论的观点，经验的积累提升就成为宝贵的财富。我们相信，这些认识具有重要的经验价值。

（一）抢险救灾阶段

这一阶段面临的主要问题有：大量校舍倒塌，人员伤亡，设施设备损毁，教育环境发生改变，师生心理遭受创伤。

在此阶段，教育重建的核心任务是安身和安心，做好师生转移安置和心理抚慰。重点工作主要有：一是建立和启动应急机制，成立应急指挥组织机构，加强组织协调，制定应急措施。四川省教育厅成立了以厅长为组长的抗震救灾工作领导小组，分为六个小组，各司其职。二是统筹协调心理援助人员，加强心理抚慰和心理康复，做到全覆盖、全过程、全参与。三是克服一切困难，尽快复学复课，恢复教育秩序。

（二）复学复课与恢复重建阶段

这一阶段面临的主要问题有：帐篷学校、板房学校教学环境差，体育课不好开，不隔音，冬天冷、夏天热；教学资源短缺，有些课程不能开；管理制度不健全不完善，师生学习、工作和生活条件不好，心理波动较大，精神文化建设亟待加强。

在此阶段，教育重建的核心任务是：维护板房教学秩序，安抚师生心理，弘扬抗震救灾精神和高尚师德，丰富师生精神生活。重点工作主要有：一是调整课程及教学计划，保障教学质量；二是建立完善师生心理援助机制，提供专业咨询和跟踪服务；三是开展生命教育、感恩教育、励志教育等活动，加强校园文化建设；四是建立激励制度，开展师生表彰活动。五是科学规划、合理布局，把学校建成区域内的安全避难场所。

（三）全面振兴阶段

这一阶段面临的主要问题有：学校管理、师资队伍等教育软件不适应现代化的学校硬件，教学质量与人民对群众教育期望还存在一定差距。

在此阶段，教育重建的核心任务是：深化教育教学改革，提升灾区学校办学水平，加强校长、教师队伍的培养培训。重点工作主要有：一是实施灾区“校长能力建设工程”和“教师队伍建设工程”，加强两支队伍建设；二是探索建立现代学校制度，推动灾区学校管理体制机制改革，办出特色；三是探索建立心理健康教育、对口援建等长效机制；四是深化教育改革，完善现代国民教育体系。

“教育遗产”是“5·12”遗产的重要组成部分，我们从教育的视角对赈灾过程“抢险救灾”“灾后重建”“防灾减灾”三个环节中具有教育发展价值的内容进行总结，并以赈灾中的德育资源挖掘、现代学校安全制度、志愿者制度为着力点进行梳理，理性分析其教育发展意义，为灾区教育恢复重建和科学发展提供启示，为教育系统减灾、防灾和应对突发灾难提供借鉴。

“教育遗产”挖掘的目的不仅仅是留存，更重要的是启示现在和未来。这种启示，必须转化成对当前和今后灾后教育重建的一种影响，一种干涉，一种正面的发展力量。正所谓“多难兴邦”，“民族的苦难必将以民族的进步为补偿”。

第三部分　经验与建议
——推动灾区教育科学发展

历经两年波澜壮阔的灾后重建伟大实践，四川教育重建取得了阶段性重大胜利，形成了独具特色的抗震救灾和灾后重建经验。在此基础上，我们结合四川教育发展实际，研究思考了灾区教育未来的发展战略。

第十一章　灾后教育重建的四川经验

灾后教育重建创造了世界抗震救灾史上的奇迹。面对灾难，中国特色的制度优势和“能够集中力量办大事”的政治优势得到充分体现，两年时间基本完成了“三年规划”的重建任务。截止 2010 年 7 月 15 日，全省汶川地震灾区累计开工学校 8134 所，开工率为 97.59%；已完成重建学校 7311 所，完成率为 87.71%。其中 51 个重灾县累计已开工建设学校 3990 所，开工率为 99.82%；已完成重建学校 3526 所，完成率为 88.22%①。建成的灾区学校已成为最安全、最牢固、群众最放心的建筑。

两年来，四川省汶川灾后教育重建在科学发展观指导下，充分借鉴国际国内经验，结合四川省情，形成了独具四川教育特色的抗灾减灾和灾后重建经验。概括来讲，主要表现为“四个结合”。

一、始终坚持尊重规律与加快重建相结合，科学推进灾后教育重建

四川省各级党委、政府认真贯彻中央部署，始终把教育放在优先重建的战略地位，严格遵循《汶川地震灾后恢复重建条例》，科学规划，精心组织，确保完成学校恢复重建“三年重建目标两年完成”任务。

1. 科学规划灾后教育重建。在灾后教育重建规划中坚持“以人为本、协调发展、科学布局、保护生态”的原则，充分尊重教育规律。在灾情评估、科学选址、学校布局调整、学校标准化建设及软件建设等方面，统筹考虑人口、社会、文化、生态、经济等因素，合理确定教育重建目标、阶段重点和配套建设。

① 数据由四川省教育厅灾后重建办公室提供.

四川省政府召开震灾区学校重建工作会

四川省教育厅抓紧制定《规划》实施方案[①]

按照“2009 年 9 月 1 日前大部分学校要在永久性建筑恢复正常教学，2010 年 9 月 1 日前所有学校要在永久性建筑恢复正常教学”的重建目标，加强领导，尽快建立和完善重建工作机制，科学制定分年建设计划，细化目标任务，落实工作责任。灾区学校恢复重建的总体思路是县（市、区）要有高中、初中、职中和县属教育事业单位，要按照国家标准配置教学、办公、运动、生活设施，要分区、分类、建齐。乡镇要有初中、中心小学、幼儿园。村要有村完小、基点校（50 名学生以上）；灾后学校恢复重建规划要以该县（市、区）的恢复重建目标为依据，与之相适应、适度超前。合理调整教育结构，高、普、职、成、特、幼各类教育协调发展。据统计，地震致使重灾区 4675 所学校受损，通过布局调整 3339 所学校需要恢复重建，全省受损学校 13768 所，需要恢复重建 11687 所，力争到 2010 年秋季开学前，全面完成学校恢复重建，所有学生回到牢固安全的学校学习、生活。

2. 依法推进学校加快重建。根据国务院《汶川地震灾后恢复重建条例》及相关政策文件，四川省委省政府高度重视学校重建工作，明确提出优先学校重建、加快学校重建、又好又快重建学校的要求。为科学推进学校灾后恢复重建，四川

① 涂文涛．四川省教育厅通报四川省 2008 年秋季复学复课的情况．四川省人民政府新闻办公室 2008 年 8 月 31 日抗震救灾新闻发布会．

省教育厅及时制定了《关于实施汶川地震灾后学校恢复重建规划的意见》《四川省汶川地震学校灾后重建建筑设计装修指导意见》等文件，明确提出了“坚持科学重建，振兴四川教育”的指导思想、学校恢复重建的具体目标。为落实重建规划，在重建过程中，省教育厅坚持定期召开灾后教育重建工作会，了解规划实施情况；多次由厅领导带队，深入灾区学校一线，实地进行调查、了解规划实施中存在的问题，及时修订完善规划方案，调整重建进度。实践证明，只有纳入法制化轨道，才能根本上保障重建有法可依，有章可循，才能有效规范和约束重建行为，科学推进灾后教育重建。

四川省教育厅副厅长何绍勇在德阳五中调研灾后教育重建工作

二、始终坚持自力更生与对口援建相结合，合力推动灾区学校重建

灾后教育重建，离不开援建省份的无私援建，也离不开全省教育工作者，尤其是灾区广大师生的自力更生、艰苦奋斗。对口援建是中华民族大爱的具体体现，是新中国强大国力的展现，是举国体制的奇迹，是中国特色的制度优势和“能够集中力量办大事”的政治优势的充分体现。自力更生则是全省人民和广大教育工作者忠于教育、自强不息、顽强拼搏精神的具体体现。

1. 对口援建，帮助灾区教育跨越式发展。在国务院抗震救灾总指挥部和四川前方指挥部的统一部署下，对口援建省份紧急拨付救灾资金，紧急组织各方救援力量驰援灾区，紧急调集大批救灾物资运往灾区，举全国之力抗震救灾，为灾区教育的跨越式发展奠定了坚实的基础。在对口援建工作中坚持“输血”与“造血”相结合的原则，一方面加强灾区学校的硬件建设，另一方面关注受援学校的内涵发展，在办学理念、学校管理、师资队伍建设等方面积极给予援助，为灾区教育的可持续发展提供了强劲的动力。

四川地震灾区对口支援工作成效显著①

新华社成都5月12日电（记者杨三军、曹妍）记者从12日四川省政府举行的汶川地震两周年灾后重建新闻发布会上了解到，截至目前，18个对口支援省（市）已确定对口支援项目3472个，已开工项目和建成项目，分别占已确定项目的98.7%和73.7%；对口支援资金772.3亿元，已完成投资587.4亿元，占总投资的76.1%。

截至4月底，四川省纳入《汶川地震灾后恢复重建总体规划》的29704个项目，已开工28886个，占97.2%，已完工23232个，占78.2%；已完成投资6787.5亿元，占概算投资的72.3%。

在各项灾后重建项目中民生项目进展最快。截至目前，四川灾区农房重建已基本完成，城镇居民住房已完工21.6万户，占重建任务的84.2%；规划重建的3002所学校已有3000所开工建设，完工2585所；医疗卫生机构开工1905个，完工1212个。

目前，在教育部的指导和支持下，我们正努力推动建立重灾区教育对口支援长效机制，通过互派教师、校长和教育管理干部，选派教育专家到灾区指导工作，以及对口支援省（市）的名校与灾区学校结对帮扶等方式，将兄弟省市的优质教育资源、先进教育理念和管理经验融入灾区，以带动和帮助重灾区农村学校提高师资和管理水平，提高灾区教育自主发展能力，提升教育教学质量。

2. 自力更生，艰苦奋斗，同舟共济，为灾区教育持续发展注入了不竭的精神动力。面对巨灾，全省上下同心协力，共克时艰。灾区教育行政部门和学校师生不畏艰险，自立自强，以教育工作者特有的坚强和韧性，积极投身抢险救人、复学复课和教育重建；省内各非灾区市州教育行政部门、教研机构和学校，及时向灾区伸出援助之手，在师资配备、教育教学管理研究等方面为灾区提供无私支援，彰显了深厚的手足情谊和团结友爱精神；省内各级教研机构和高等院校整合力量，积极参与心理援助、教师培训、地方课程建设、教育教学指导等业务工作，为灾区学校提供了有力的专业支持。

① 摘自四川省政府新闻发布会通报灾区灾后重建工作情况

三、始终坚持硬件建设与软件建设相结合，加快建设师生美好新家园

灾后教育重建是一项复杂的系统工程，它不仅涉及教育系统硬件建设，更涉及师资队伍、课程内容、校园文化及制度建设等一系列软件问题。因此，在加强灾后教育重建的过程中，始终坚持硬件建设与软件建设同步规划、同步实施，在建设现代化校园的同时，坚持以科学发展观为指导、全面统筹、以人为本，通过多种途径，采取多种措施，大力加强“软件”建设，高度重视灾区学校教育教学质量与办学水平，推进灾区学校跨越式发展。

1. 把校舍建成最安全、最牢固、群众最放心的建筑。在学校灾后重建过程中，我们始终把建设标准和质量放在突出位置，强调把落实项目法人责任制、招投标制、合同管理制、工程监理制和质量责任终身制，作为贯穿学校灾后重建始终的基本原则，作为加强校舍建设质量管理的根本保障。省教育厅成立若干工作组，由厅领导任组长，分片包干各市州，随时了解和掌握情况，重点对建设标准执行、建设质量以及建设进度等开展经常性的督促检查，同时协调当地政府和有关部门解决工作中的实际困难和问题。通过上述举措，学校抗震设防和抵御其他自然灾害的能力完全达到规划要求。

四川省绵竹七一中学

四川北川中学实验室

德阳绵竹遵道学校

茂县高中校舍成为县城最漂亮的建筑①

"老乡，请问南边那片漂亮的房子是什么？"

"当然是高中喽，呶，就在那里噻。"

---

① 摘自山西省人民政府．山西省对口援建茂县灾后重建 羌山巨变现奇迹．茂县教育局网站．

顺着羌族老乡带着浓浓川味的普通话指引，从茂县县城向东南而行。沿途一排排、一座座新建改建洋溢着浓郁羌族风情的民居让人目不暇接。在九顶山下抬头仰望，一片白青色相间的宏伟建筑群背靠青山，气势磅礴。这就是由我省援建的新茂县高中——整个学校包括教学楼、实验楼、图书馆、报告厅、天文台、学生宿舍楼、食堂、室内训练馆、风雨操场……

"我们是在 3 月份搬到新校区的，现在我们学校的基础设施比原来提前了几十年，在全阿坝州都是数一数二的！" 5 月 3 日，茂县高中吴校长感慨地说。

2. 坚持以人为本，维护师生身心健康，切实加强教师队伍建设。始终坚持把师生生命安全放在第一位，高度关注师生心理救助，维护师生心理健康；把构建教师表彰、奖励制度与弘扬伟大抗震救灾精神和新时期人民教师的高尚师德、建设师德高尚的教师队伍结合起来；注重教师数量补充与质量提升相结合，在着重解决灾区教师数量不足、结构不合理的同时，积极开展提升灾区教师质量的系列培训活动和教研活动。

四川省地震灾区中小学心理辅导与心理健康教育教师省级培训会

3. 注重校园环境文化建设，坚持将育人与校园的物质环境及氛围建设结合起来，充分发挥校园文化育人功能；注重校园活动文化建设，以感恩教育为抓手，用具有针对性、时代性的教育内容和文化内涵来感染教育师生，努力实现校园活动文化的系列化、制度化、课程化和常态化，促进了灾后师生精神家园建设。

四、始终坚持抗震救灾与改革发展相结合，办好灾区人民满意的教育

四川灾后教育重建，既是灾区教育恢复重建、全面振兴的过程，也是重塑教育发展模式、推进教育制度变革的良机。两年来，全省教育系统认真学习贯彻中央会议精神和省委省政府部署，一手抓抗震救灾，全力做好灾后学校恢复重建和对口支援工作；一手抓改革发展，全力推进教育事业的改革、发展和稳定。

1. 大力推进义务教育均衡发展。在灾后重建过程中，始终注意区域内学校硬件条件的均衡，在灾区县域内，历史性地实现了城乡学校硬件的均衡化。目前，四川省正在着手以提高教育质量、促进内涵发展为重点，推动灾区县特别是重灾县全面实施素质教育，全面提升灾区学校的办学水平，缩小城乡教育内涵发展差距，使之在全省率先实现县域内义务教育均衡发展。

把义务教育均衡发展作为创先争优载体①

近日，教育部副部长陈小娅在创先争优联系点成都进行调研，强调要把学习贯彻全国教育工作会议精神与开展创先争优活动紧密结合起来，坚持改革创新，努力推进义务教育城乡一体化均衡发展。

陈小娅听取了四川省、成都市、龙泉驿区、新津区教育部门和成都市泡桐树小学、成都铁中等单位学习贯彻全教会精神、开展创先争优活动的情况，充分肯定了成都市在统筹城乡综合配套改革中推进义务教育城乡一体化建设机制、教师配置机制、优质教育资源覆盖机制、质量评价机制、投入倾斜机制的经验和做法。

陈小娅指出，要认真学习胡锦涛总书记、温家宝总理在全教会上的重要讲话精神，贯彻落实教育规划纲要提出的任务，围绕学校中心工作，以创先争优为动力，努力推进义务教育均衡发展。陈小娅在调研期间来到都江堰市八一聚源中学，看望青海地震灾区转移复课的玉树藏族自治州民族中学的师生。

2. 坚持构建系列灾后教育重建制度与督查制度实施相结合，充分发挥制度在灾后教育教学重建中的规范、保障、激励等重要作用，以改革促重建，以改革促发展，实现了重建与改革发展双丰收。

---

① 四川省教育厅网站

以制度重建推进学校重建[①]

在学校灾后重建过程中，我们始终把建设标准和质量放在突出位置，强调把落实项目法人责任制、招投标制、合同管理制、工程监理制和质量责任终身制，作为贯穿学校灾后重建始终的基本原则，作为加强校舍建设质量管理的根本保障。(1) 严格建设标准。从灾后学校恢复重建规划编制、审核到规划实施，我省都始终坚持国家发布的建设标准，以确保提高学校抗震设防和抵御其他自然灾害的能力，把学校建成最安全、最牢固、群众最放心的建筑，经得起实践、人民和历史的检验。(2) 防止奢华浪费。为了避免盲目追求学校建设的高标准，防止超标准和不符合实际的豪华建设，我省制定了《四川省汶川地震学校灾后重建建筑设计装修指导意见》，对建设规模与投资、学校总体规划和单体建筑装饰作出了具体规定，并组织检查组重点对已竣工和在建的学校恢复重建项目（包括援建项目）集中开展了检查、复核。(3) 健全工作机制。各地建立了教育、发改、建设等部门分工明确又密切配合，共同抓好重建学校建设质量的工作机制，切实把好立项审批、设计等前期工作质量关，建筑材料质量关、工程施工质量关以及竣工验收关。(4) 强化督促检查。省教育厅成立若干工作组，由厅领导任组长，分片包干各市州，随时了解和掌握情况，重点对建设标准执行、建设质量以及建设进度等开展经常性的督促检查，同时协调当地政府和有关部门解决工作中的实际困难和问题。

3. 以地方课程重建为重点，深入推动基础教育课程改革。结合灾后教育重建和基础教育改革发展实际，四川省教育厅及时对《四川省义务教育地方课程实施方案（试行）》进行了修订，新设置了“生活·生命与安全”、“家庭·社会与法制”和“可爱的四川”三门地方课程，将生命教育、安全教育、心理健康、环境教育、家庭生活、社会实践、法制教育、四川历史文化及民族团结常识等专题教育纳入地方教材，增强课程对地方、学校及学生的适应性，形成四川地方课程的特色。

按照四川省委领导指示和全省灾后重建工作会议精神，省教育厅下发了《关于在灾区中小学开展感恩教育活动的通知》《关于在全省中小学大力开展“感恩·奋进”大家唱系列活动的通知》，全面部署灾区中小学感恩教育活动开展感恩教

---

① 何绍勇．四川省学校灾后恢复重建新闻发布会．

育，传承伟大抗震救灾精神，增强德育工作的针对性和实效性；在抗震救灾及恢复重建的各个阶段，结合实际，创新课堂教学方式，变革教学方法，提高课堂教学质量。尽管灾后重建时间紧、任务重，但仍克服重重困难，按期启动高中课程改革，巩固提高义务教育课程改革，全力推进素质教育，办好灾区人民满意的教育。

大灾之后的教育恢复重建，是一个原地起立的过程，也是一个发展起跳的过程。在教育重建中，我们立足当前，加快推进学校恢复重建，基本完成“三年目标两年完成”的战略任务，为灾区教育全面跨越式发展奠定了坚实的基础。

第十二章　推动灾区教育科学发展的思考

巩固灾后教育重建成果，加快推进教育科学发展，事关全省经济社会全局，事关灾区群众的根本利益，事关灾后社会和谐稳定。经过两年艰苦卓绝的重建，灾区教育已经得到迅速恢复和整体提升，灾区学校办学条件发生了脱胎换骨的巨变，灾区人民对教育充满着新的期盼，灾区学校迎来了千载难逢的发展良机。同时，灾区教育发展也面临着许多新情况、新问题，必须系统思考，重点突破，专项推进，深入推动灾区教育科学发展，又好又快发展。

一、机遇：灾区教育发展的有利条件

（一）教育内部条件

在党中央、国务院的坚强领导下，在国家部委和19个对口支援省（市）的大力支持下，在全国人民和国内外社会的倾情帮助下，四川省委、省政府坚持科学重建和教育优先，带领全省人民尤其是灾区人民，经过艰苦奋斗，灾区教育在灾后恢复重建中崛起，正在发生脱胎换骨的巨大变化①。

1. 学校建设标准高、质量优。坚持质量是重建的生命线，严格执行国家强制性建设标准规范，提高学校抗震设防和抵御其他自然灾害的能力；严把设计、施工、材料质量关，高质量地实施学校恢复重建。师生、家长、社会各界对学校重建的速度和质量非常满意，一致认为重建的学校质量好，安全牢固，设施设备齐全，现代化水平高。

2. 办学条件显著改善，资源配置趋向均衡。实验室（实验楼）、运动场、音乐和美术多功能室、计算机房等按标准建设和配置，学校办学条件明显改善，功能更加完善。城乡之间、区域之间、校际之间办学条件和资源配置的差距显著缩小，趋向均衡，实现了历史性突破。

---

① 吉文昌等. 地震灾后教育重建振兴研究报告［J］. 教育科学论坛，2009，(12).

焕然一新的什邡市红白镇中心小学①

地震中被夷为平地的什邡市红白镇中心小学，如今面貌已焕然一新：白墙灰瓦的教学楼、红绿相间的塑胶跑道……正值课间时分，学生们有的在操场上打着篮球，有的在过道上嬉戏打闹，整个校园洋溢着欢乐。

对口支援建设者不但把校园建成当地最安全、最漂亮的建筑，而且给学校配备了往往只有发达地区才有的现代化设施。红白镇中心小学校长程世林说："现在的学校不仅漂亮，而且比过去先进多了，每间教室都有投影仪和电脑，讲课都是多媒体教学，学生们每周都会有计算机课呢！"

配套设施完备的都江堰中小学②

22 所都江堰市中小学的援建工作成了上海援建者们最用心良苦的一项民生工程。友爱校园是其中专门接收 140 名伤残孩子的学校。设计者、建设者考虑到每一处细节：有残疾学生专用的电梯和扶梯，高矮不同的扶手、水池；每道门槛上都特意设置了坡道，保证学生坐着轮椅也能顺畅到达每一个角落；每一张课桌的边角、每一个扶手的转角等，全部设计成圆形；最后竣工验收前，援建指挥部再次要求各项目工地对所有自来水、电灯、电扇、门窗、煤气、围墙、排污设施、防滑措施等进行全面检查。

3. 学校布局进一步优化，教育资源得到整合，教育结构逐步合理。按照有利于提高教育质量和办学效益，有利于优化教育结构的规划编制原则，突出"定点、定规模、定功能"，因地制宜实行了学校布局结构调整，教育资源得到整合，一大批寄宿制学校迅速建成。学前教育、特殊教育、职业教育得到重视。如，汶川原本的 86 所学校被撤并为 25 所，除具有浓重羌族特色的阿尔村小学被保留外，所有村小被合并到乡镇的中心校。通过进行教育资源重组，让每个乡镇都有了中心校。

4. 教育教学秩序快速恢复，确保了教育教学质量不下降。灾区学校立足实际，创新管理，改革教育教学内容和方法，确保了特殊时期学校教育教学秩序的

① 丛峰等. 涅槃重生两年间——来自汶川地震灾后重建一线的报告［N］. 科技日报. 2010 - 05 - 11.

② 郑德刚等. 万里江山万里情——全国各地对口支援四川地震灾区建设纪实［N］. 人民日报. 2010 - 2 - 1.

迅速恢复，做到了学生不流失，质量不下降，巩固了普九成果。

5. 教师队伍建设力度加大，教师的责任感、使命感进一步增强。通过“特岗计划”和区域内调配、职称评定政策倾斜、灾区中小学教师培训计划、解决社会保障待遇和农村教师周转房等途径，基本保证了灾区教师需求，稳定了灾区教师队伍，激发了广大教师的工作热情，有力地推动了灾区学校师资队伍的重建，特别是初步培养了一支心理健康教育骨干教师队伍。

四川省教育厅出台8条政策措施加强地震灾区中小学教师（校长）队伍建设①

1. 切实加强师德建设，提高灾区教师思想政治素养
2. 建立灾区中小学教师补充机制
3. 建立灾区教师对口支援机制
4. 建立地震灾区县（市、区）城区中小学教师到农村学校服务期制度和教师（校长）交流轮换制度
5. 建立地震灾区中小学教师培养培训机制
6. 实施地震灾区中小学校长培训工程
7. 切实提高灾区教师待遇
8. 进一步深化地震灾区中小学人事制度改革

6. 师生心理健康备受关注，心理健康状况总体良好。政府高度重视，教育、卫生部门精心组织，社会各界积极参与，在灾后及时开展了大规模的、持续的心理辅导及心理危机干预，在复学复课阶段基本做到了心理健康教育全覆盖，确保了灾区教育系统广大干部及师生平稳度过灾后心理危险期，创造了灾后心理援助史上的一大奇迹！全省心理援助应急机制已初步形成，学校心理健康教育长效机制正在发挥着积极作用。

（二）教育外部条件

“5·12”汶川特大地震后，救灾与重建的整个过程，充分展现了中国社会的凝聚力和有效应对灾害的国家实力。党中央、国务院及全国人民的关怀与支援，对于四川地震灾区是一种前所未有的“重建资源”。

1. 白纸绘新图。在新的发展背景下，化“危”为“机”，重构灾区学校教育体系。在国家关于灾后恢复重建总体规划框架和省委“两个加快”发展战略引导

① 四川省教育厅. 关于进一步加强地震灾区中小学教师（校长）队伍建设、提高办学水平的意见.

下，灾区城乡布局、产业布局、人口安置、城镇建设、农村建设等方面的新部署，为灾区教育在教育结构、学校布局、学校建设、办学质量等各方面提供了重新调整、改革和提高的机会。

2. 灾区人民积聚了前所未有的期盼和尽快重建美好家园的热情。抗震救灾是发生在灾区普通民众身边的特大的社会互动事件。民众在这种切身的、罕见的社会行动中，对自身所属的群体力量、对中国社会整体力量、对国家力量，有了前所未有的体验和认知。在这种体认的基础上，广大灾区群众开始把重建家园的个体愿望聚集成群体性的寻求发展的热情，这无疑是灾区重建的不竭动力。而蕴涵在灾区教育工作者群体中的教育重建热情和愿望则是教育重建的重要动力。两年多来，我们在与灾区校长、教师、教育行政干部的接触中，总能感受到他们蓄积着教育发展的强烈愿望和激情。他们迫切希望能寻找一条跨越式发展道路。他们清晰地表达了想法：硬件上去了，软件要跟上！

二、挑战：灾区教育面临的主要困难和问题

灾后教育重建振兴是一场攻坚战，既面临着灾前旧有的问题和矛盾，又面临重建过程中出现的新情况、新问题。

（一）学校管理难度明显增大，现代学校制度尚需建立

1. 学校运行成本增加，缺乏相应的制度保障和运行机制。灾后新建学校硬件基本实现城乡均衡，学校规模扩大，教学设施设备增加，水、电及设施设备（如伤残学生专用电梯等）使用和维护成本相应也大大增加。目前在教育硬件经费投入之外的运行投入没有及时跟上，学校经费捉襟见肘。据都江堰市不完全统计，新学校投入后，全市学校水、电费是灾前的 4 倍左右。其他灾区县市的情况也普遍类似。

2. 寄宿制学校的管理及正常运转面临经费和人员不足的困难。灾后，学校布局调整后，学校服务半径增大，寄宿制学校和寄宿学生数量猛增。以北川县为例，地震后，通过调整布局，将过去 71 所中小学撤并为 37 所。2009 年秋季，86.5% 的小学生、95% 以上的初中生和高中生都选择了住校。激增的寄宿学生，不仅加重了教师的工作量，而且还不得不临时聘请食堂工人和生活管理老师。①

3. 现代学校制度尚需建立。适应灾区学校快速发展的新型办学体制和教育管理制度，特别是如何建立新型的政校关系，落实学校办学自主权，充分调动灾区

① 吉文昌等. 地震灾后教育重建振兴研究报告. 教育科学论坛，2009.（12）.

学校师生的积极性和创造性等方面的制度还没有建立起来；学校安全制度、校舍及教学设施设备使用与日常维护制度、学校发展规划制度、教师发展制度等学校内部制度还不完善；师生、家长、社会民主参与学校内部管理的机制还需进一步健全。

（二）校长管理能力与教师整体素质亟待提高

面对设施设备齐全的现代化新学校，面对因学校布局调整、整合而重组的教师队伍，面对灾区群众的新期盼，如何厘清办学理念，规划学校发展，打造学校办学特色，实施素质教育；如何管理与高效利用全新的高标准校园硬件设施；如何凝聚教师共识，形成新的学校文化等问题，历史性地摆在灾区校长面前。灾区校长为此焦虑，迫切希望得到培训提升。

1. 在灾区学校硬件实现了跨越式发展的同时，灾区学校教师结构性缺编，优质师资短缺等问题凸显。目前，灾区教师结构性缺编问题突出。以绵竹市为例，中小学部分学科和幼教、职中专业课教师缺编严重。从学科看，初步测算，仅义务教育阶段，体育教师缺师资 30 余名，英语教师 20 余名，美术教师 10 余名；全市公办幼儿园应配备专任教师 338 人，保育员 169 人，目前在岗的 216 个正式教师，幼儿教育专业的不足 100 人，其余是中小学转岗培训上岗教师，幼儿专任教师缺口达 100 余人；市职中专业课教师和实习实训指导教师严重短缺，当前仅机械和电子电工专业教师缺口就达 20 人。此外，一些灾区县还存在空编不补的现象。①

2. 优质师资短缺，整体素质需要提升。灾后虽然师资数量得到及时补充，数量不足的问题得到一定缓解，但优质师资短缺成为制约灾区学校发展的一个突出问题。特别是农村义务教育阶段的重建学校，教师主要由原来分散的几个校点教师组成，他们在现代教育观念、教育教学行为、信息技术的使用能力等方面总体上不适应现代化新学校的要求。

（三）灾区师生心理需要持续关注，心理健康教育有待进一步加强

1. 灾区师生心理问题仍然明显。2009 年底，我们对灾区师生的心理健康状况进行了调研，调查显示，师生创伤后应激障碍个别症状还很突出，创伤后应激障碍高风险人群，教师、中学生、小学生分别占 22.52%、7.99%、7.85%；教师普遍存在职业倦怠感，情绪衰竭较严重、个人成就感较低；学生心理问题普遍（见图 1），检出率高达 21.71%，尤其是“恐怖倾向”、“冲动倾向”症状最明显。

① 吉文昌等. 地震灾后教育重建振兴研究报告. 教育科学论坛，2009.（12）.

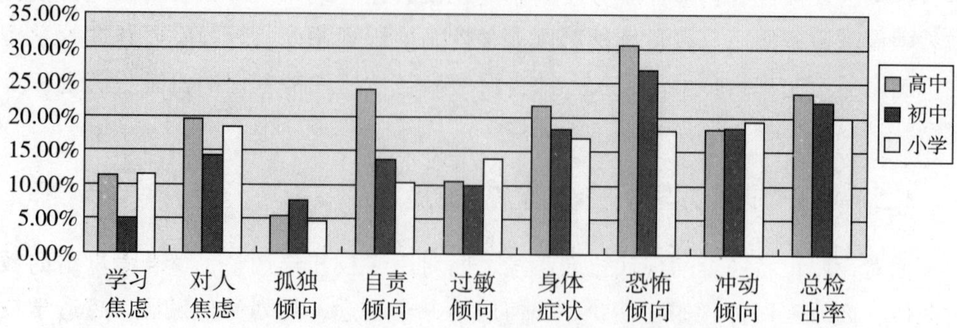

图1 不同学段中小学生心理问题检出率比较

2. 地震对教师的生活仍然持续产生着消极影响。2009 年底，我们选取六类生活事件进行调查，结果显示，教师受干扰最严重是生活幸福感，其次是学习、娱乐和休闲活动，受干扰人数的比率分别为 42. 31%、39. 07%、38. 98%。此外，教师的家务活动、与家人和朋友关系等也受到不同程度干扰（如图 2）。

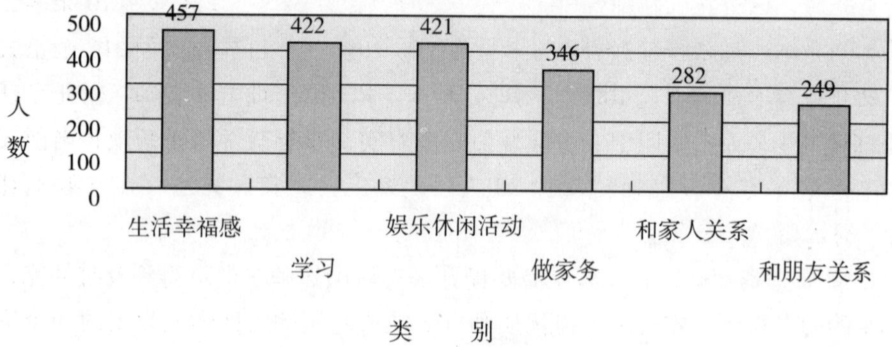

图2 灾区教师受影响生活事件分布图

3. 灾区中小学心理健康教育总体上比较薄弱。心理健康教育教师数量不足，专业化程度低，86. 2% 的教师没有心理学类资格证书，兼职教师的比例高达 94. 9%；心理健康教育课时被挤占现象比较普遍，心理健康教育制度不健全，设备设施不完善，咨询室设置不规范，普遍缺乏经费支撑；心理健康教育专业引领力量薄弱，6 个重灾市（州）有 3 个市（州）教科所没有专职心理健康教育教研员，39 个县教研室绝大部分没有专职心理健康教育教研员。

（四）灾区教育改革发展任务依然艰巨

学前教育、特殊教育发展仍较薄弱。重建过程中，39 个国定重灾县新增 154 所幼儿园，而一直存在的学前教育专业教师短缺问题因此更为突出。以彭州市为例，目前有公办班数 223 个，按每班 2 人配备师资需 446 人，缺口 215 人；民办园班数 243 个，需师资 486 人，缺口 90 人。特殊教育在学校布局上虽已受到重视，但在师资建设、教学质量、随班就读等方面仍需加倍努力。

此外，义务教育质量不均衡导致的“上好学难”、“择校热”，中职教育基础能力不强、与经济社会发展和产业结构调整不适应，中小学生学业负担较重等问题依然存在，全面实施素质教育，深化基础教育课程改革任务还十分艰巨。

三、对策与建议：推进灾区教育科学发展

灾后教育重建振兴是追赶式、跨越式发展，是一项复杂的系统工程。面对挑战，我们要以贯彻落实《国家中长期教育发展改革纲要（2010－2020）》为契机，抓住灾后教育振兴的有利条件，进一步理清发展思路，明确发展方向，找准发展重点，推进灾区教育科学发展。

（一）探索建立现代学校制度，推动灾区学校管理体制机制改革

首先，以县为主，全面推动灾区学校制定发展规划，明确学校特色、发展方向及实施重点；加强学校办学水平和质量指导力量，建立“学校发展顾问团”，对学校制定和实施规划加以指导和帮助。其次，以学校民主管理制度建设为抓手，探索师生和家长、专家等社会力量参与学校管理的运行机制，提升灾区学校管理水平。再次，科学核定学校运行成本，建立健全责任分担机制，确保灾区新建学校的正常、安全运转，财政、人事、编制等部门，要根据变化，适时、动态提高学校生均公用经费标准，特别是寄宿制学校的生均公用经费标准，补充学校工勤人员编制，确保灾区新建学校的正常运转。

（二）实施灾区“校长能力建设工程”和“教师队伍建设工程”，进一步加强两支队伍建设

实施灾区“校长能力建设工程”。重点对校长的办学理念、现代学校发展规划及管理、学校文化及制度建设等进行专题研修培训，打造一支师德优良、学养深厚、理念先进、视野开阔，管理规范，具有教育创新能力的中小学专业校长队伍，最终实现“教育家办教育”的目标。

实施灾区“教师队伍建设工程”。加强教师队伍建设，建立一支数量够、结构优、质量高、城乡配置均衡的教师队伍。一是解决好灾区学校的结构性缺编问题，严格规范中小学教职工编制管理。特别重视英语、信息技术、艺术、体育、科学等紧缺学科教师的补充，以满足灾区学校特别是灾区农村学校开齐开足课程的需要；补充编制，把心理健康教师岗位和工勤岗位纳入中小学正式编制；同时，严禁挤占、挪用和截留中小学教职工编制，严禁在有合格教师来源的情况下“有编

不补”，长期聘用代课人员。对寄宿制学校，要按住校生规模配备专（兼）职生活指导教师。二是继续关心灾区教师生活，帮助他们解决生活困难，改善居住条件。特别要加强受伤教师和遇难教师家属的慰问抚恤和心理疏导。三是加强灾区教师培训基地建设，建立地震灾区中小学教师培养培训机制，创新教师专业发展的培训方式，提高培训质量。四是加强教师设施设备使用、维护和管理能力的培养，提高教师现代教育技术素养，充分发挥硬件建设的教育功能。

（三）强化心理健康教育，建立灾区心理重建的长效机制

通过理顺管理体制、完善工作机制、充实提高队伍、加强交流研讨、创造条件保障、加大督促检查等工作措施，力争用 3 年时间，建立健全灾区中小学心理健康教育管理与教研体系、心理健康教育教学与辅导体系、心理危机预警与干预体系；完善心理健康教育保障机制；高度重视教师心理康复工作；进一步加强心理健康教育对口援助，促进心理健康教育普及、规范、科学发展。全面提升灾区师生面对灾难和挫折的心理复原力，重建心理内部平衡，降低心理疾病患病率，减少和避免因心理问题引发的不良事件，基本使灾区广大师生特别是因地震灾害造成心理问题或精神疾病的高危群体摆脱心理阴影，形成积极、乐观、向上的精神面貌。

（四）以贯彻落实《国家中长期教育发展改革纲要》为契机，把灾区办成人民满意教育的示范区

各级党委、政府要切实加强对教育工作的领导，积极当好“后勤部长”，为推进教育改革和发展提供政策、物质保证；要加强学前教育，落实学前教育的基础教育地位，大力提高 3 -6 岁幼儿入园率，率先在十个极重灾县进行学前一年义务教育试点，到 2012 年，争取在所有地震灾区基本普及学前一年教育；要重视灾区特殊教育，通过多种途径，确保残疾儿童、少年依法平等接受义务教育的权利，切实维护教育公平。

教育部门要建立以素质教育、均衡发展为导向的管理制度和工作机制，把学校工作重点集中到强化教学环节、提高教育质量上来；合理配置教育资源，深入推进义务教育均衡发展和高中阶段教育协调发展。

学校要坚持育人为本，德育为先，提高德育工作的针对性和实效性；要狠抓教育教学改革，创新教学内容和方法，推动素质教育取得实质性进展；传承抗震救灾精神、地方文化和办学传统，利用社区重建以及援建中的文化交流契机，加强学校人文精神建设，形成新的学校文化。

我们坚信，在党中央国务院和四川省委省政府的坚强领导下，只要把握好机遇，迎难而上，灾区学校“管理一流、师资一流、教学一流”的目标就一定能实现，教育公平和教育均衡、协调发展的深层次问题就一定能得到有效解决，灾区就一定能成为西部乃至全国教育改革发展的模范，成为人民满意教育的示范区。

附录一

灾后教育重建课题组成果公开发表、转载情况一览表

序号	成果名称	公开发表情况
1	地震灾区学校心理援助应急机制初探	《中国特殊教育》2008年第6期
2	弘扬教师的职业道德	《教育科学论坛》2008年第7期
3	坚守教师的精神家园	《教育科学论坛》2008年第8期
4	关爱学生：从尊重生命开始	《教育科学论坛》2008年第9期
5	充分发挥板房学校的综合功能	《教育导报》2008年9月4日
6	打造环境文化，丰富生命体验	《教育科学论坛》2008年第11期
7	创新制度文化，坚守生命的家园	《教育科学论坛》2008年第11期
8	构建精神文化，鼓起生命的风帆	《教育科学论坛》2008年第11期
9	震后灾区学校制度重建研究的目标和任务	《教育科学论坛》2008年第12期
10	青川县教育重建中管理与制度建设的实践	《教育科学论坛》2008年第12期
11	信心重建是灾后学校制度重建的基础	《教育科学论坛》2008年第12期
12	江油市以科学发展观统领学校制度的重建	《教育科学论坛》2008年第12期
13	完善学校机制，保障学校高效运行	《教育科学论坛》2008年第12期
14	以制度建设为抓手，确保灾后学校正常的教学秩序	《教育科学论坛》2008年第12期
15	“5·12”灾后四川灾区教师队伍现状综合调研报告	《教育科学论坛》2009年第3期
16	地震灾区教师心理健康状况调查研究	《中国特殊教育》2009年第5期
17	灾区学生心理服务任重道远	《中小学心理健康教育》2009年第5期
18	地震灾区中小学教师心理状况调查及对策研究	《中小学心理健康教育》2009年第5期
19	地震灾后儿童成长的现状与问题	《湖北教育》2009年第5期
20	精神的坚守，灵魂的重塑 ——5·12汶川特大地震一周年灾区学校校长印象及思考	《教育科学论坛》2009年第6期

续表

序号	成 果 名 称	公开发表情况
21	“5·12”四川汶川大地震灾后教育重建研究课题中期研究报告	《教育科学论坛》2009 年第 8 期
22	“灾后教学重建”子课题中期研究报告	《教育科学论坛》2009 年第 8 期
23	“灾后师资重建”子课题中期研究报告	《教育科学论坛》2009 年第 8 期
24	“灾后校园文化重建”子课题中期研究报告	《教育科学论坛》2009 年第 8 期
25	“灾后心理重建”子课题中期研究报告	《教育科学论坛》2009 年第 9 期
26	“灾后学校制度重建”子课题中期研究报告	《教育科学论坛》2009 年第 9 期
27	地震灾区学生心理健康状况调查研究	《中国特殊教育》2009 年第 9 期
28	以制度创新引领灾后教育重建和现代化发展 ——都江堰市灾后教育重建与现代化发展的探索与实践	《教育科学论坛》2009 年第 9 期
29	震不垮的脊梁 ——安县中学应急时期学校制度建设实践	《教育科学论坛》2009 年第 9 期
30	以人为本，科学统筹，以学校制度重建促进规模学校良性发展 ——天全县初级中学灾后学校制度重建实践探索	《教育科学论坛》2009 年第 9 期
31	坚持科学重建 振兴四川教育	《教育研究》2009 年第 12 期
32	“5·12”地震灾后四川教育重建振兴研究报告	《教育科学论坛》2009 年第 12 期
33	“地震遗产挖掘、赈灾经验总结”子课题组中期研究报告	《教育科学论坛》2010 年第 2 期
34	“零伤亡”的奇迹绝非偶然 ——安县桑枣中学安全教育案例	《教育科学论坛》2010 年第 2 期
35	北川中学的新生之路 ——“多难兴邦”的一个注脚	《教育科学论坛》2010 年第 2 期
36	千里之外的坚守 ——对汶川县漩口中学异地复课的反思	《教育科学论坛》2010 年第 2 期

附录二

灾后教育重建课题组主要决策性、应用性研究成果一览表

序号	成果名称	成果应用情况
1	地震灾后教育重建振兴研究报告	被作为四川省政府2009年度政务调研课题成果上报，同时被上报到省委政研室
2	“四川省地震灾区中小学师生心理健康状况及心理健康教育工作调研报告”及灾区心理健康教育五年计划	2010年2月上报四川省政府
3	四川教育厅关于落实温家宝等领导在《中央统战部关于转呈韩启德同志灾后心理干预建议的函》上批示的情况汇报	《教育部关于地震灾区中小学开展心理辅导与心理健康教育的通知》（含《关于地震灾区中小学开展心理辅导与心理健康教育的指导纲要》）采纳了其中的建议
4	关于建立灾区学校心理援助机制的建议	《四川省教育厅关于做好灾区学生心理援助工作的通知》（川教函〔2008〕254号）采纳
5	关于进一步加强灾后四川省中小学心理辅导工作的建议	《四川省教育厅加强灾后中小学生心理辅导与心理健康教育实施意见》（川教〔2008〕238号）采纳
6	四川省教育厅关于“5·12”汶川大地震后对灾区中小学师生开展心理抚慰工作的情况汇报	《四川省人民政府办公厅关于进一步加强地质灾区干部群众和学校师生心理服务工作的通知》采纳
7	加强灾区中小学心理健康教育工作　重建师生精神家园	上报教育部
8	关于加强地震灾区板房学校教育教学工作和校园文化建设的意见	四川省教育厅（川教〔2009〕56号）文件采纳
9	“开展感恩教育，关注师生道德精神重建”的专题信息	《四川省教育厅关于在灾区中小学开展感恩教育活动的通知》采纳

续表

序号	成 果 名 称	成果应用情况
10	灾区中小学教师生存状况专题报告	被《科研与教育改革》2009 年第 2 期印发上报四川省教育厅
11	四川省地震灾后中小学师生心理健康教育工作及师生心理健康状况调研报告	被《中共四川省委办公厅 四川省人民政府办公厅关于印发〈四川省地震灾区心理服务工作实施方案〉的通知》（川委厅〔2010〕12 号）、《四川省教育厅关于成立四川省地震灾区中小学心理健康教育领导协调小组和专家指导小组的通知》（川教函〔2010〕390 号）和《四川省地震灾区中小学心理健康教育实施方案》采纳
12	《灾区复课学校教育教学工作指导意见》和《灾区集中安置复课学校暑期活动指导意见》	四川省教育厅办公室 2008 年 6 月 2 日印发通知采纳
13	关于认真做好我省 2008 年普通高考工作的紧急通知	四川省教育厅（川教〔2008〕141 号）文件采纳
14	四川省义务教育阶段地方课程实施方案（修订）	四川省教育厅（川教〔2009〕81 号）文件采纳
15	灾区复课学校教育教学工作指导意见	《四川省教育厅印发灾区复课教学工作指导意见和暑期活动指导意见通知》（川教〔2008〕158 号）采纳
16	灾区集中安置复课学校暑期活动指导意见	《四川省教育厅印发灾区复课教学工作指导意见和暑期活动指导意见通知》（川教〔2008〕158 号）采纳
17	向四川省教育厅提出修订《四川省义务教育地方课程实施方案》的建议	《四川省教育厅关于印发〈四川省义务教育地方课程实施方案（修订）〉的通知》（川教〔2009〕81 号）采纳

续表

序号	成 果 名 称	成果应用情况
18	四川省义务教育地方课程《生活·生命与安全》指导纲要	《四川省教育厅关于印发四川省义务教育地方课程指导纲要的通知》（川教〔2009〕82号）采纳
19	四川省义务教育地方课程《家庭·社会与法制》指导纲要	《四川省教育厅关于印发四川省义务教育地方课程指导纲要的通知》（川教〔2009〕82号）采纳
20	四川省义务教育地方课程《可爱的四川》指导纲要	《四川省教育厅关于印发四川省义务教育地方课程指导纲要的通知》（川教〔2009〕82号）采纳
21	地震灾区学校卫生防疫与食品饮水卫生安全应急处置办法及工作要求	《四川省教育厅关于下发地震灾区学校卫生防疫与食品饮水卫生安全应急处置办法及工作要求的通知》（川教函〔2008〕279号）采纳
22	四川省地震灾区复课师资保障工作方案	《四川省教育厅关于印发〈四川省地震灾区复课师资保障工作方案〉的通知》〔2008〕148号）采纳
23	全省教育系统抗震救灾安置阶段的总体工作安排意见	中共四川省教育厅党组关于印发《全省教育系统抗震救灾安置阶段的总体工作安排意见》的通知（川教党〔2008〕15号）采纳
24	教育系统灾后恢复重建 对口支援工作指导意见	四川省教育厅关于印发《教育系统灾后恢复重建 对口支援工作指导意见》的通知（川教〔2008〕180号）采纳
25	关于汶川地震灾后学校恢复重建规划建议	《四川省教育厅关于实施汶川地震灾后学校恢复重建规划的意见》（川教〔2008〕317号）采纳
26	关于加强学校抗震救灾防病救助工作的建议	《四川省教育厅关于加强学校抗震救灾防病救助工作的紧急通知》（川教电〔2008〕39号）采纳
27	关于做好学校安全稳定工作的建议	《四川省教育厅关于做好学校安全稳定工作的紧急通知》采纳

续表

序号	成果名称	成果应用情况
28	震后灾区学校制度重建研究工作方案	供灾区学校制度重建工作参考
29	(1) 给孩子的十条建议（针对板房学校学习） (2) 给家长的十条建议（针对板房学校管理） (3) 给教师的十条建议（针对板房学校教学） (4) 板房学校安全工作领导小组成员及职责 (5) 板房学校安全工作制度 (6) 板房学校安全工作“一岗双责”、“安全随事走”制度 (7) 板房学校门卫制度 (8) 板房学校消防设备设施管理及消防安全工作管理制度 (9) 板房学校水、电、气安全管理制度 (10) 板房学校寄宿生安全管理制度 (11) 板房学校女生宿舍管理制度 (12) 安全工作档案管理制度 (13) 板房学校校园周边环境安全管理制度 (14) 板房学校安全教育及宣传制度 (15) 板房学校饮用水管理制度 (16) 板房学校校园清洁卫生管理制度 (17) 板房学校校园服务部食品卫生安全管理制度 (18) 板房学校安全晨检制度 (19) 板房学校教学常规管理制度 (20) 板房学校教研工作管理制度 (21) 板房学校课堂教学规定（暂行） (22) 板房学校教师工作制度 (23) 板房学校学生管理工作制度 (24) 板房学校家长联系工作制度	供灾区板房学校参考

续表

序号	成 果 名 称	成果应用情况
30	2009 年 4 月组织召开四川省灾后教学重建经验研讨会，编辑整理经验交流材料，结集成册——《四川省灾后教学重建现场研讨会交流材料汇编》	四川地震灾区经验交流
31	2008 年组织编写《灾区中小学心理健康教育活动课案例集》	免费发放到四川地震灾区学校开展心理健康教育活动课使用

附录三　四川省教育厅灾后教育重建文件选

四川省教育厅关于高三复课工作的通知

川教函〔2008〕261 号

各有关市、州教育局：

随着抗震救灾工作的深入推进，教育系统抗震救灾已转入有序安置学生，逐步恢复正常教育教学阶段。据各地上报复课情况的统计，截至 5 月 24 日，6 个重灾区中尚有 10765 名高三学生没有复课。为确保高三学生顺利参加高考，现就做好高三复课工作提出以下意见。

一、各重灾区市（州）教育行政部门要把组织高三学生复课作为当前复课工作的重点，尽快摸清情况，在确保安全的情况下，采取一切措施和必要过渡手段，安排尚未复课的高三学生尽快复课。

二、高三复课工作由所在市（州）、县教育行政部门统筹安排，精心组织，因地制宜解决复课问题。经建设部门专业机构对学校现有校舍进行安全鉴定排查后，作出继续使用决定的，应利用现有校舍就地安排复课；灾情严重，余震不断无条件复课的，由市上统筹安排，统一管理，转移安置到异地就学；不能继续使用的，通过搭建平板房、帐篷、租用场地等临时设置校舍，千方百计安排学生复课。

三、目前灾区的交通、通讯等基础设施正逐步恢复，国家下拨和各地、各方支援的灾后重建物资正加快到位。各地教育部门要争取当地救灾指挥部的支持，为高三学生复课创造条件，对各方面救灾援助物资资源，市、县教育部门要统筹安排，优先满足高三学生复课需要。

四、各市（州）、县教育部门要加强对高三复课工作的领导和管理，落实各方责任，切实做好安全稳定和卫生防疫工作。各地和学校要完善应急预案，加强监控，做好卫生防疫，加强学生安全教育。针对目前受灾学生的特殊情况，学校要开展心理援助，帮助受灾学生尽快恢复心理创伤，重树生活信心，确保正常学习生活，顺利参考。

各市（州）教育部门要按上述要求，尽快制订本地高三学生复课计划并组织实施。复课计划及所需复课物资于本月二十八日上报我厅。

附件 1：四川省灾区高三学生复课计划统计表

附件 2：四川省重灾区高三学生未复课人数表

二〇〇八年五月二十六日

附件 1

四川省重灾区高三学生复课计划统计表

市州名称：________ 填报时间：________

序号	县市名称	拟复课学校名称	高三年级复课人数		复课时间	复课急需物资				备注
			原校	临时学校		帐篷或平板房（平方米）	教学基本设备设施（课桌椅书本等）	生活必需用品（套）	其他物资	
合计										

附件 2

四川省重灾区高三学生未复课人数表

统计数据截至 5 月 23 日

市州名称	已复课人数	未复课人数	未复课百分比	备注
成都市	63610	0	0	
阿坝州	883	2977	77.12	
绵阳市	33438	3056	8.37	
德阳市	19240	378	1.92	
雅安市	6958	516	6.90	
广元市	16039	3838	19.31	
小计	140168	10765	7.13	

2008 年 5 月 26 日

四川省教育厅关于报送四川省汶川地震灾后学校重建规划编制工作方案的报告

川教〔2008〕161号

省抗震救灾指挥部灾后重建规划组：

在教育部的指导和帮助下，我们制订了《四川省汶川地震灾后学校重建规划编制工作方案》。现报上，请审示。

附件：四川省汶川地震灾后学校重建规划编制工作方案

二〇〇八年六月四日

附件

四川省汶川地震灾后学校重建规划编制工作方案

按照省抗震救灾指挥部关于灾后重建工作的总体部署和灾后重建规划组的要求，为了有力有序有效地组织灾区教育部门和学校完成好灾后重建工作，特制定我省汶川地震灾后学校重建规划编制工作方案。

一、工作任务

按照国家和省关于灾后重建工作的总体部署，从抗震救灾的紧迫性和灾区重建与长远发展的要求出发，根据灾区重建的人口布局和城镇、农村建设规划，研究提出灾区学校的布局和建设规划以及促进灾区教育长远发展的方向、目标与战略措施，编制汶川地震灾后学校重建规划。

规划范围主要是四川省严重受灾地区，并根据灾害评估的结果和总体规划组的界定，适当考虑其他地区。

规划期为三年（2008—2010 年），以学校的恢复重建为主，提出重建项目和具体措施。

二、指导思想和原则

全面贯彻落实科学发展观，坚持以人为本，将教育重建工作与灾区的灾民安置和重建工作结合起来，将灾区教育的重建和发展与灾区的经济社会恢复和发展结合起来，将紧迫需要和长远发展结合起来，区分缓急，突出重点，做好协调，以保证师生安全为重点，注重考虑灾区教育长远发展需要，充分吸收地震灾难中的经验教训，按照科学规划，合理布局，深入论证，分步实施的原则，注重体现素质教育思想和义务教育均衡发展的要求，搞好学校标准设计，编制好灾后学校重建规划，为灾区教育事业的尽快恢复与长远发展打下基础。

三、组织实施

四川省与教育部共同成立汶川地震灾后学校重建规划工作组。负责指导规划编制工作，决定重大事项，协调相关部门，组织规划论证和审定。下设编写组和协调组。编写组设在四川省教育厅，负责编写规划的各项具体工作。协调组设在教育部发展规划司，负责各项协调与联络工作。

组　长：袁贵仁　教育部副部长

　　　　黄彦蓉　四川省副省长

副组长：韩　进　教育部发展规划司司长

　　　　涂文涛　四川省教育厅厅长

——编写组（人员略）

——协调组（人员略）

四、工作机制和进度安排

规划编制工作以四川省教育厅为主，根据需要，教育部派出工作组指导、协助。

（一）5 月 31 日前，组建工作机构，确定人员组成和主要人员名单，报送省灾后重建规划组。启动规划编制前期资料收集工作。

（二）6 月 5 日前，研究确定规划编制工作方案和规划编制指导意见（包括《规划体例》），经工作组批准后印发灾区各地，并报省灾后重建规划组。选择若干专业设计院，着手设计若干标准学校设计方案。

（三）6 月 10 日前，完成规划编制提纲，经工作组批准后报送省灾后重建规划组。

（四）6 月 25 日前，市州完成本地重建规划文本编制（包括灾区学校受损房屋加固、灾区倒塌学校重建和异地安置新建学校），报送省教育厅。

（五）6 月 25 日至 7 月 5 日，编写组对市州《规划》分期分批进行逐一会审、汇总。同时，6 月 30 日前，研究提出灾区学校受损房屋加固建设规划、灾区倒塌学校重建和异地安置新建学校规划。

（六）7 月 10 日前后，完成四川省汶川地震灾后学校重建规划文本编制。

（七）7 月 20 日前，完成规划论证，经工作组审定后报送省政府。

（八）根据省政府的统一安排，适时在政府确定的原地重建和转移安置试点乡，配合总体重建试点工作，启动学校重建试点。

四川省教育厅关于汶川地震灾后教育恢复重建规划编制工作的指导意见

川教电 57 号

各有关市州教育局：

5 月 12 日，我省汶川发生 8 级特大地震，给灾区学校造成重大损失。在党中央、国务院的亲切关怀下，在全国人民的大力支持和省委、省政府的正确领导下，灾区教育系统奋力抗震救灾，已取得阶段性成效。为在进一步扎实做好当前抗震救灾工作同时，抓紧组织开展灾后恢复重建工作，帮助灾区重建美好校园，现就我省教育系统灾后重建规划编制工作提出如下指导意见。

一、指导思想和基本原则

1. 全面贯彻落实科学发展观，坚持以人为本，将灾区教育的重建和发展与灾区的经济社会恢复和发展结合起来，以保证师生安全为重点，提高学校建设标准，使学校成为最牢固、最安全的地方，赋予学校社会应急避难场所的功能，尽快恢复学校教育教学正常秩序，促进社会和谐稳定。

2. 明确和强化政府的主导责任及主体地位，鼓励社会多方参与，加快灾区学校重建。

3. 根据学龄人口的变化趋势，科学规划学校重建和布局调整工作，着力推进城乡统筹、均衡发展，提升办学条件。

4. 体现素质教育的要求，注重学校促进学生德智体美全面发展的设施建设。

5. 将紧迫需要和长远发展结合起来，逐县规划，分步实施，保证教育重建规划和落实工作有序进行。

二、相关要求

1. 县级人民政府负责普通高中、中等职业学校、义务教育阶段学校（小学教学点）和幼儿园的布局、规划。高等学校的恢复重建规划，按隶属关系分别纳入省、市总体规划。

2. 学校是规划编制的最基层单位。纳入全县统一规划布点的学校，要按照国家规定的标准配置教学、办公、运动和生活设施设备，制订出校园建设规划和设施设备配置规划。

3. 规划要特别突出提高学校及幼儿园抵御地质、气象等自然灾害的能力，切实确保小震不坏、中震可修、大震不倒。

4. 在规划编制过程中，要紧密结合本地整体恢复重建工作，与政治、经济、人口和社会事业发展相适应。综合考虑事业发展的需要与实际可能，目标设定上保持适度超前和切实可行。要充分估计规划实施可能遇到的障碍与困难并提出对策与办法。

三、规划内容

1. 以市、县为单位的规划应当包括：

——学校布局图（区域图）

——学校覆盖人口数

——学校规模及办学条件

——重建所需总资金及资金渠道等。已有援建计划的学校需特别说明。

2. 以学校为单位的规划应当包括：

——目标任务：在校生数量、学校层次类别、专业结构（普通高校和中等职业学校）；

——保证措施：所需教师、校舍、教学设备的数量和质量；

——投资预算：必需的经费数量及来源（政府、对口支援、社会捐助、国际援助）；

——实施计划：重建进度、工作指标、方法、程序和步骤。

四、方法步骤

1. 收集、整理、分析相关信息；

2. 确定目标及达到目标的多种可能性；

3. 科学评估分析，选择最佳方案。

五、组织领导

各地要成立专门的学校重建规划领导机构，专人负责，并有一套强有力的工作班子。建立相应的专家咨询机构，组织专家进行科学论证。各地学校重建规划要按程序经当地政府批准后报上级教育主管部门。

附件：

1. ＊＊县（市、区）汶川地震灾后重建教育规划体例

2. ＊＊学校汶川地震灾后重建学校规划体例

四川省教育厅

二〇〇八年六月五日

附件 1

＊＊县汶川地震灾后重建教育规划体例

一、2007 年基本县情和教育基本情况

1. 基本县情

地域面积________平方公里，辖________镇________乡，共有________万人口，国民生产总值________万元，财政收入________万元，农民人均纯收入________元。

2. 教育基本情况

共有各级各类学校________所，在校学生________人，教职工________人，其中专任教师________人；学校占地面积________亩，学校建筑总面积________万平方米，固定资产总值________万元，其中教学仪器设备总值________万元，图书资料________万册，计算机________台。

3. 未来三年和 2015 年学生规模预测

单位：万人

	2007 年	2008 年	2009 年	2010 年	2015 年
合计					
小学					
初中					
普通高中					
中职					
学前教育					
特殊教育					

二、灾害损失评估情况

1. 县域内灾情

（1）震情

此次地震县域内地震裂度________度，其中 9 度及以上乡镇________个，8—9 度乡镇________个，7—8 度乡镇________个，7 度以下乡镇________个。

（2）人员伤亡情况

全县死亡________人，受伤________人，失踪________人。

（3）财产损失情况

全县倒塌房屋________间，面积________平方米；造成危房________间，面

积________平方米；直接经济损失________万元。

2. 县域内教育灾情

（1）师生伤亡情况

死亡________人，受伤________人（其中：因伤致残________人），失踪________人。

单位：人

<table>
<tr><td rowspan="3"></td><td colspan="2" rowspan="2">死 亡</td><td colspan="4">受 伤</td><td colspan="2" rowspan="2">失 踪</td></tr>
<tr><td colspan="2">计</td><td colspan="2">因伤致残</td></tr>
<tr><td>学生</td><td>教职工</td><td>学生</td><td>教职工</td><td>学生</td><td>教职工</td><td>学生</td><td>教职工</td></tr>
<tr><td>合计</td><td></td><td></td><td></td><td></td><td></td><td></td><td></td><td></td></tr>
<tr><td>小学</td><td></td><td></td><td></td><td></td><td></td><td></td><td></td><td></td></tr>
<tr><td>初中</td><td></td><td></td><td></td><td></td><td></td><td></td><td></td><td></td></tr>
<tr><td>普通高中</td><td></td><td></td><td></td><td></td><td></td><td></td><td></td><td></td></tr>
<tr><td>中职</td><td></td><td></td><td></td><td></td><td></td><td></td><td></td><td></td></tr>
<tr><td>学前教育</td><td></td><td></td><td></td><td></td><td></td><td></td><td></td><td></td></tr>
<tr><td>特殊教育</td><td></td><td></td><td></td><td></td><td></td><td></td><td></td><td></td></tr>
<tr><td>其他</td><td></td><td></td><td></td><td></td><td></td><td></td><td></td><td></td></tr>
</table>

（2）财产损失情况

倒塌房屋________间，面积________平方米；造成危房________间，面积________平方米；毁坏教学仪器设备________台件套，价值________万元；毁坏课桌凳________套；毁坏图书________万册；直接经济损失________万元。

<table>
<tr><td rowspan="2"></td><td colspan="2">倒塌房屋</td><td colspan="2">造成危房</td><td colspan="2">毁坏教学仪器设备</td><td colspan="2">毁坏课桌凳</td><td colspan="2">毁坏图书</td><td rowspan="2">直接经济损失（万元）</td></tr>
<tr><td>间数</td><td>面积（m²）</td><td>间数</td><td>面积（m²）</td><td>台套件</td><td>价值（万元）</td><td>套数</td><td>价值（万元）</td><td>册数（万册）</td><td>价值（万元）</td></tr>
<tr><td>合计</td><td></td><td></td><td></td><td></td><td></td><td></td><td></td><td></td><td></td><td></td><td></td></tr>
<tr><td>小学</td><td></td><td></td><td></td><td></td><td></td><td></td><td></td><td></td><td></td><td></td><td></td></tr>
<tr><td>初中</td><td></td><td></td><td></td><td></td><td></td><td></td><td></td><td></td><td></td><td></td><td></td></tr>
<tr><td>普通高中</td><td></td><td></td><td></td><td></td><td></td><td></td><td></td><td></td><td></td><td></td><td></td></tr>
<tr><td>中职</td><td></td><td></td><td></td><td></td><td></td><td></td><td></td><td></td><td></td><td></td><td></td></tr>
<tr><td>学前教育</td><td></td><td></td><td></td><td></td><td></td><td></td><td></td><td></td><td></td><td></td><td></td></tr>
<tr><td>特殊教育</td><td></td><td></td><td></td><td></td><td></td><td></td><td></td><td></td><td></td><td></td><td></td></tr>
<tr><td>其他</td><td></td><td></td><td></td><td></td><td></td><td></td><td></td><td></td><td></td><td></td><td></td></tr>
</table>

三、县域地图及恢复重建学校布局图（要求）

1. 图纸分县绘制。

2. 绘制两张。第一张为：“5 · 12”地震受灾学校一览图，第二张：灾后恢复重建学校布局图。

3. 图纸规格：6 张 A4 纸张大小，长度 63cm，宽度 59. 4cm。

4. 图例（见说明）。

四、县域内各级各类学校（含教育事业单位）恢复重建规划

1. 原址恢复重建________所，原区域（乡镇）换址恢复重建________所，异地（乡镇）恢复重建________所

	原区域		异地恢复重建
	原址恢复重建	换址恢复重建	
合计			
小学			
初中			
普通高中			
中职			
学前教育			
特殊教育			
其他			

2. 设防度数：________度

3. 维修加固校舍

3－1. 需维修和提高设防等级的现有校舍面积

单位：平方米

	合计	办用公房	教室	实验室	图书室	微机室	语音室	宿舍	食堂	厕所	体育		…
											场	馆	
总计													
基础教育													
中职													
成教													
事业单位													

3－2. 维修和提高设防等级的现有校舍所需资金

单位：万元

	合计	办用公房	教室	实验室	图书室	微机室	语音室	宿舍	食堂	厕所	体育		…
											场	馆	
总计													
基础教育													
中职													
成教													
事业单位													

4. 重建校舍

4－1. 需重建的校舍面积

单位：平方米

	合计	办用公房	教室	实验室	图书室	微机室	语音室	宿舍	食堂	厕所	体育		…
											场	馆	
总计													
基础教育													
中职													
成教													
事业单位													

4－2. 重建校舍所需资金

单位：万元

	合计	办用公房	教室	实验室	图书室	微机室	语音室	宿舍	食堂	厕所	体育		…
											场	馆	
总计													
基础教育													
中职													
成教													
事业单位													

注：1. 维修单方造价按　元/平方米测算；

2. 重建单方造价按　元/平方米测算；

3. 体育场维修单方造价按　元/平方米测算，

重建单方造价按　元/平方米测算。

5. 添置仪器设备和图书资料

5－1. 需补充教学仪器设备、图书资料等设备设施情况

	电脑（台）	理化生音体美设备（套）	课桌椅（单人套）	图书（册）	炊具（套）	宿舍用具（套）	…
基教							
职教							
成教							
事业单位							

5－2. 补充教学仪器设备、图书资料等设备设施所需资金

单位：万元

	电 脑	理化生音体美设备	课桌椅	图 书	炊 具	宿舍用具	…
基教							
职教							
成教							
事业单位							

单价（台、套）＊总数＝总金额（万元）

6. 资金渠道

——财政拨款

——社会捐赠

——对口支援

——国际援助

注：1. 运动区要考虑社会紧急避难场所功能和对外开放功能

2. 生活区要考虑新农村卫生校园建设要求（沼气池、太阳能热水、卫生水源等）

五、土地资源需求量

单位：亩

校 名	原占地面积	重建占地面积	增减量			
			总 计	教学区	生活区	运动区
总计						
基教						
职教						
成教						
事业单位						

六、其他特别需求及补充说明（有则填，没有则略）

＊＊县“5·12”灾后重建规划体例编制有关说明

1. 图例

(1)“5·12”地震受灾学校一览图：

●（＊＊学校○） （2100）	表示完全受损学校及面积（括号内面积按校舍面积填列）
○（＊＊学校○） （2100）	表示部分受损学校及面积（括号内面积按校舍面积填列）
☆（＊＊学校○）	表示未受损学校

以上（＊＊学校○）中，“○”内大学填大，中职填职，高中、完中填高，初中填初，九年一贯制填九，中心校、小学填小，村小及基点校填村，特教填特，幼儿园填幼。

(2) 灾后恢复重建学校分布图：

●（＊＊学校○） （350）	表示需全部新建学校及在校生人数（括号内为在校生人数。学校名称加下划线表示异地重建学校，在原址新建的学校不加线。）
○（＊＊学校○） （350）	表示需部分新建和维修加固学校及在校生人数（括号内为在校生人数。）
★（＊＊学校○） （350）	表示只需维修加固学校及在校生人数（括号内为在校生人数。）
☆（＊＊学校○） （350）	表示未受损并保留的学校及在校生人数（括号内为在校生人数。）

以上（＊＊学校○）中，“○”内大学填大，中职填“职”，高中、完中填“高”，初中填“初”，九年一贯制填“九”，中心校、小学填“小”，村小及基点校填“村”，特教填“特”，幼儿园填“幼”。

2. 各类学校构成

(1) 基础教育

单设高中、完全中学、单设初中、九义学校、小学、教学点、学前教育、特

殊教育

（2）中等职业教育

中等专业学校、职业高中、成人中等专业学校、技工学校

（3）成人教育

成人文化技术学校

（4）教育事业单位

教科所（教研室）、电教、教仪管（站）、勤工俭学中心、电大、其他

附件 2

＊＊学校汶川地震灾后重建学校规划体例

一、学校基本情况

学校名称：________，学校类别：________

原有：________个班，在校学生 ________人，教职工________人，其中专任教师________人，教职工中县核定编制________人。

占地________亩，校舍建筑面积________平方米，固定资产总值________万元，其中教学仪器设备总值 ________ 万元，计算机 ________ 台，图书资料________册。

二、灾害损失及评估情况

1. 师生伤亡人数

教师：死亡________人，受伤________人（其中：因伤致残________人），失踪________人。

学生：死亡________人，受伤________人（其中：因伤致残________人），失踪________人。

2. 财产损失

倒塌房屋________间，面积________平方米，倒塌房屋原价值________万元；造成危房________间，面积________平方米，危房原价值________万元，毁坏教学仪器设备________台件套；毁坏课桌凳________套；毁坏图书________万册；直接经济损失________万元。

	合计	校舍损毁（平方米）		损毁其他建筑	损毁体育场地（平方米）	损毁课桌椅（单人套）	损毁图书（册）	损毁计算机设备（台）	损毁仪器设备（台件套）
		倒塌校舍面积	形成危房面积						
数量									
原价值（当时建设投入或现值估算）									
折合金额（万元）									

三、恢复重建规划

1. 学校覆盖________、________、________等________个乡镇，共覆盖人口________万人。

2. 学生规模________人，近三年预测达________人；2015年预计达________人。

3. 学校选点方案：

方案一：

方案二：

4. 学校功能分区方案：

教学区建筑________平方米，占地________亩；

生活区建筑________平方米，占地________亩；

运动区建筑________平方米，占地________亩。

5. 地质结构与抗震设防等级

6. 校舍维修加固及重建规划

6－1. 校舍维修加固及重建面积

单位：平方米

	合计	办用公房	教室	实验室	图书室	微机室	语音室	宿舍	食堂	厕所	体育		…
											场	馆	
维修加固面积													
重建面积													

6－2. 校舍维修加固及重建面积所需资金

单位：万元

	合计	办用公房	教室	实验室	图书室	微机室	语音室	宿舍	食堂	厕所	体育		…
											场	馆	
维修加固面积													
重建面积													

注：1. 维修单方造价按　元/平方米测算；

2. 重建单方造价按　元/平方米测算；

3. 体育场维修单方造价按　元/平方米测算，

重建单方造价按　元/平方米测算。

7. 仪器设备配置（含远程教育、学校体育卫生设备等）

7－1. 需补充教学仪器设备、图书资料等设备实施情况

	电脑（台）	理化生音体美设备（套）	课桌椅（单人套）	图书（册）	炊具（套）	宿舍用具（套）	…

7－2. 补充教学仪器设备、图书资料等设备实施所需资金

单位：万元

	电脑	理化生音体美设备	课桌椅	图书	炊具	宿舍用具	…

单价（台、套）＊总数＝总金额（万元）

8. 重建资金规模及渠道

（1）财政拨款；（2）社会捐赠；（3）对口支援；（4）国际援助

9. 土地增减量

单位：亩

学校名称	原占地面积	重建占地面积			增减量			
		利用原占地	新增占地		总计	教学区	生活区	运动区
			原地周边	异地选址				

10. 教职工配置（编制数）

现有教职工________人，专任教师________人；

缺编教职工________人，专任教师________人。

四、特别需求及补充说明

四川省教育厅关于做好教育系统灾后恢复重建对口支援工作的指导意见

川教〔2008〕180号（2008年6月10日）

为贯彻落实全省抗震救灾安置阶段工作电视电话会议和教育部《关于做好教育系统灾后恢复重建对口支援工作通知》精神，充分发挥对口支援工作在灾后学校恢复重建中的重要作用，现就我省教育系统对口支援工作提出以下指导意见。

一、指导原则

坚持科学发展观，以人为本原则；坚持统筹协调，分级管理原则；坚持积极自救重建为主，努力争取支援为辅，两者有机结合原则；坚持当前需要和长远发展结合原则。

二、主要工作

一是保证灾区学校9月1日全面复学复课；二是做好学校重建选址和布局规划；三是做好灾后学校重建工作；四是以转移灾区中职学生为重点，帮助灾区中职学校恢复教育教学秩序；五是灾区各级教育部门和学校要围绕上述工作，在选址规划、资金筹措、物资设备、师资需求、学生转移安置等方面制定科学可行的受援方案；六是主动积极开展对口支援工作，努力争取兄弟省市和省内非灾区市州更多的对口支援；七是面向全社会和灾区教育系统加强宣传，让受援学校和师生全面了解对口支援的有关政策。

三、工作机制

各级教育部门要按照确定的对口支援关系，在当地党委、政府领导下，动员组织本地区教育系统积极开展对口支援工作。省教育厅负责全省教育系统对口支援工作的统筹协调，宏观指导。市、州教育部门负责组织本地区对口受援县（市、区）与对口支援省市建立直接紧密的对口支援工作联系、信息沟通平台和及时有效的工作机制。受援县（市、区）要与支援省市加强沟通协调，共商对口支援工作方案，落实对口支援任务，共同推进对口支援工作。各级教育部门都要高度重视对口支援工作，加强与对口支援省市和非对口支援省市的联系，努力以真诚争取支援，全力以工作赢得支援，最终以成绩回报支援。

四、组织保障

灾区各级教育部门和学校要落实组织机构和人员，加强对口支援工作统筹管理。要确定一名领导同志，成立专门机构或确定专人负责此项工作。要加强信息传递、提高工作效率，规范资金物资管理，确保对口支援工作有力有序有效，确保对口支援款物充分发挥效益，确保学校恢复重建受援工作让对口支援省市满意。

四川省教育厅关于印发《全省教育系统抗震救灾安置阶段的总体工作安排意见》的通知

川教党〔2008〕15 号

各市（州）教育局，各高等学校：

"5 · 12" 汶川特大地震发生以来，在党中央、国务院和省委、省政府的坚强领导下，我省教育战线广大干部师生以灾情为命令，全力以赴、奋不顾身投入抗震救灾。各级领导干部果断决策、靠前指挥，各级党组织和广大党员干部挺身而出、冲锋在前，充分发挥战斗堡垒作用、模范带头作用和先锋模范作用。通过各方面共同努力，受伤师生得到及时救治，灾区师生基本生活得到妥善解决，复课工作正在扎实推进，调整后的普通高考已经顺利结束，师生心理援助科学推进，灾后学校恢复重建的规划和相关准备工作正在加紧进行，全省教育系统抗震救灾工作已经取得了阶段性成绩，目前已进入以群众安置为主要任务的重要阶段。

根据省委常委会和全省抗震救灾安置阶段工作电视电话会议精神，省教育厅党组在认真总结前一阶段工作，深入分析研究当前教育系统抗震救灾面临的形势任务的基础上，制定了《全省教育系统抗震救灾安置阶段的总体工作安排意见》。现印发给你们。

请各地、各高校切实贯彻落实省委决策部署，按照《意见》要求，以复学复课为重点抓好抗震救灾各项工作，切实抓好师生安置、对口支援、重建规划、家长善后、高考应急、卫生防疫、心理援助和救灾资金物资监管等重点工作，切实维护教育系统的安全稳定；要坚持两手抓，在抓好抗震救灾的同时，统筹教育事业的改革发展；要坚定信心，加强协调，突出重点难点，按照年初部署，抓好年度工作目标任务的完成，实现大灾之年全省教育事业的持续健康协调发展。各地、各高校在工作中的情况，请及时报我们。

中共四川省教育厅党组

二〇〇八年六月十一日

附件

全省教育系统抗震救灾安置阶段的总体工作安排意见

为全面贯彻落实省委常委会议和全省抗震救灾安置阶段工作电视电话会议精神，巩固教育系统抢险救援取得的成果，为恢复重建打下良好基础，特就安置阶段总体工作提出如下安排意见。

一、总体要求

坚持以人为本，把抗震救灾工作作为当前教育战线的中心工作，突出学校复学复课、师生安置、对口支援，切实抓好重建规划，家长善后、高考应急、卫生防疫、心理援助和救灾资金物资监管等重点工作，切实维护教育系统的安全稳定。

二、以复学复课为重点抓好抗震救灾各项工作

1. 抓好学校复学复课工作。灾区学校在 9 月 1 日全面复课，是省委、省政府和教育部的明确要求，是当前全省教育系统抗震救灾工作的重中之重。必须把确保安全和按规定时限复学复课作为工作的基本目标，认真梳理不同地区面临的困难和问题，突出重点逐一研究解决；要加强分类指导，区别条块之间、区域之间的不同情况，处理好一般与重点、普遍与特殊的关系；要充分考虑余震、次生灾害及防汛等因素的影响，制定多种预案；加强市（州）教育行政部门的统筹协调，实现校点、用房、师资、设备的合理配置，切实解决好短期临时应急与灾后重建的统筹协调问题。受灾高校要从自身实际出发，积极做好各项工作，确保按期安全复课。

2. 做好灾区师生安置工作。一是积极配合有关方面继续寻找失踪师生，救治受伤师生，尽最大可能降低死亡率和致残率；二是积极研究孤残学生教育的相关问题，制定促进他们健康成长的政策措施；三是切实做好灾区学生转移就读的工作。坚持分级管理，加强统筹协调，确保有序进行；转移省外就读要以中职学生为重点，中小学生以省内就地安置为主，省外安置以短期过渡为宜，并力争纳入省县对口支援。

3. 做好教育系统对口支援工作。要按照中央确定的灾后重建工作省县对口支援关系，在省委、省政府领导下，尽快落实组织机构和人员，加强统一管理；建立工作机制，加强协调配合；注重长远发展，讲求工作实效；加强统筹管理，提高经费使用效益。受援地要配合做好相关具体工作，发扬自力更生，艰苦奋斗的精神，组织好自救和重建工作。要按照省统一部署，做好省内非灾区和轻灾区对口支援重灾区教育的工作。

三、切实抓好灾后恢复工作

1. 抓好受灾学校重建规划。坚持以人为本理念，全面贯彻落实科学发展观，统筹好各级各类教育的协调发展；切实提高重建学校抗震减灾设防能力；尊重科学、尊重规律；加强组织领导，落实工作责任，确保按规定时间高质量完成任务。

2. 做好遇难学生家长工作，维护教育系统和社会稳定。一是进一步加大思想和心理疏导力度，抓紧落实已经制定的各项政策措施，做好抚慰工作，避免矛盾集中和激化；二是配合有关部门做好媒体工作，加强正面宣传；三是做好信息收集工作，及时研究有关问题。

3. 确保重灾区实现平安高考的目标。全省非重灾区的136个县（市、区）普通高考已经顺利结束，要把确保延期进行高考的相关准备工作提上重要议事日程。一是为延期高考准备安全可靠的考场，确保考生绝对安全；二是完善和细化高考应急方案；三是加强对延期高考考生的心理疏导；四是做好相关宣传和信息披露工作。

4. 加强学校安全和卫生防疫。一是周密部署学校防灾工作，完善应急预案，组织应急演练，增强学生自防、自护、自救能力；复课和开学的临时校点要建立管理机构，完善管理制度，安全、有序运转；二是坚持伤病师生救治、卫生防疫、食品、饮水卫生安全24小时值班制度和每天“零报告”制度；三是加强灾区及地震波及地区灾后疾病防控工作，切实预防公共卫生事件的发生。

5. 做好灾区师生心理援助工作。一是认真抓好灾后师生心理重建规划；二要加强对心理援助工作的统筹与管理；三是动员各方力量，加强对心理援助工作的研究和指导。

6. 加强抗震救灾捐赠资金与物资的监管。一是健全管理制度，规范管理程序，确保救灾款物用于灾区教育、用于受灾师生；二是合理安排，科学调度，合理分配救灾款物，坚持公开透明，自觉接受监督；三是切实加强监督、检查和审计，及时纠正和查处各类违纪违规行为。

7. 做好教育宣传和灾区师生的慰问、表彰工作。一是大力宣传党和政府对广大师生生命安全的高度重视，宣传抗震救灾的工作部署和有关政策；二是大力宣传教育系统先进典型和感人事迹，营造良好舆论氛围；三是组织慰问灾区教师，切实解决实际困难和问题，帮助他们恢复正常工作和生活；四是做好优秀教师和学生的表彰奖励工作。

8. 严明组织纪律，正确履行职责。大灾大难是考验干部作风、检验干部素质的重要关口。全省教育战线各级党组织、广大党员干部，必须严守政治纪律，自觉维护民主集中制原则，把思想和言行统一到中央和省委决策部署上来，忠于职守，正确履职；通过每个人的自觉行动和踏实工作，为夺取抗震救灾全面胜利作出应有贡献。

四、坚持两手抓，确保各项重点教育目标任务的完成

全省教育战线要切实贯彻省委决策部署，坚持一手抓抗震救灾工作，一手抓教育改革发展。要在继续抓好抗震救灾工作的同时，统筹抓好全省教育改革发展。进一步坚定信心，加强统筹协调，突出重点难点，切实推动年初各项工作部署的全面落实，确保全年工作目标任务的完成，实现大灾之年我省教育事业的持续健康协调发展。

1. 加紧落实全省职业教育攻坚计划。贯彻落实全省职业教育攻坚大会精神，坚定实现我省职教发展总体目标的信息；各地要解放思想，转变观念，加大工作力度，积极主动抓好职业教育对口支援。通过毕业生在省外就业、在校生到省外定岗实习、联合培养等多种途径，确保完成两类高中招生100万人的年度目标，实现中职招生比例超过普通高中的目标；要结合灾后学校恢复重建，建设一批职业教育实训基地和县级职教中心；大力开展农村劳动力转移培训和实用技术培训，为全省灾后恢复生产和灾区群众抗灾自救、促进地方经济发展作出贡献。

2. 大力实施教育民生工程。抓好各项教育民生工程，促进教育公平，对于灾后社会稳定具有特殊重要的意义。要根据灾后工作的实际，采取针对性措施，确保各项工作的全面落实。一是完善农村义务教育经费保障机制改革，抓紧相关准备，确保秋季开学城市义务教育阶段学生全面免收学杂费。二是积极争取国家对灾区学校的特殊政策，健全家庭经济困难学生资助政策体系，落实各项资助政策，推进高校生源地助学贷款，开展普通高中特困学生资助工作。三是积极解决城市困难家庭和进城务工人员子女接受义务教育问题，确保城市居民最低保障家庭的义务教育阶段学生同步享受“两免一补”，解决30万进城务工人员子女在城镇接受义务教育。四是实施《四川省民族地区教育发展十年行动计划》，完成理塘、布拖2县“普九”目标。五是结合灾后重建，统筹实施《2008年乡村教育发展留守儿童寄宿制学校建设工程》，完成400个留守儿童寄宿制学校建设项目。六是落实教育部关于灾区毕业生就业的有关工作部署，抓好高校毕业生就业工作，确保就业率保持在80%以上。

3. 全面推进素质教育。继续深化基础教育课程改革，创新招生考试制度，改进教育教学方法；大力发展面向新兴产业和现代服务业的职教专业，积极探索多种形式的职业教育培养模式；深入实施研究生教育创新计划，加快建立高等教育创新人才培养体系。

4. 着力提高高等教育质量。实施质量工程，改进教学评估工作；加强重点学科、精品课程、特色专业建设，调整和优化学科专业结构；推进示范性高职院校建设，加强重点学校、重点实验室、工程研究中心、大学科技园和技术转移中心建设，发挥科技优势，提升高校知识贡献能力和社会服务水平。

5. 切实加强教师队伍建设。组织开展向抗震救灾优秀教师学习的活动，弘扬他们的崇高精神和优秀品格，提高教师队伍政治素质和职业道德水平；合理配置教师资源，为灾区教育提供良好师资保证；继续实施中小学教师培养培训三大计划，重点抓好受灾地区、民族地区和农村地区的队伍建设。

四川省教育厅关于加强地震灾区板房学校教育教学工作和校园文化建设的意见

川教〔2009〕56 号

成都、德阳、绵阳、广元、雅安、阿坝、凉山、攀枝花市（州）教育局：

按照省委、省政府领导的有关要求。为进一步加强灾区板房学校教育教学工作，努力提高板房学校教育教学质量，帮助灾区学生健康成长，特制定本意见。

一、采取切实措施，提供教育教学基本条件

由于受场地、校舍、设备、师资等条件的制约，给板房学校完全按照标准开设课程带来很大困难。要彻底解决这一问题，关键是要加快教育灾后重建工作，使灾区板房学校尽快迁回新建学校上课，恢复正常的教育教学秩序。在目前过渡期间，各地和学校要在现有基础上，进一步想办法，添措施，创条件，争取各级财政安排板房学校设备设施专项资金，增添必要设备设施；争取援建省市和社会各界的支持，尽力为板房学校建设各种功能教室，添置必要设备设施、改善校园环境等；进一步调剂使用板房学校现有设备设施等，合理安排使用就近非板房学校资源，利用教育系统现有设备设施支援板房学校；调剂使用区域内专业教师，尽力补充板房学校专业教师需求，加强对板房学校现有教师的专业培训；根据板房学校开课情况对考试政策进行必要调整，保障考试公平等等。通过努力，使板房学校尽可能按照规定开好课程。同时加强教育教学管理，加强中小学生心理辅导和心理健康教育，为学生健康发展提供良好服务。

二、结合实际有效开展教育教学活动

各学校应积极创造条件，努力完成规定课程计划。要结合板房教学的实际情况，根据不同学科特点，积极探索适合板房学校的教学方式和教学管理模式，科学有效地开展教育教学活动。

1. 合理安排教学时间

各地可根据季节气候变化情况，从学生安全、健康的需要出发，在时间安排上采用集中上课或分散上课的方式，或实行长课时（40 分钟）与短课时（20 分钟）相结合的方式。在保证总上课时间不变的前提下，可灵活调整暑假、寒假以及周末放假的安排。

2. 积极探索条件受限学科的有效教学方式

对受条件限制的学科，要结合实际探索有效教育教学方式，努力开好课程。

音乐：以歌唱、音乐欣赏教学为主，低年级可以辅以律动、表演进行教学。采用轻声的歌唱方式训练学生唱歌，培养学生用歌声、动作表达对音乐的理解，并从中获得审美的愉悦。激发学生聆听音乐的兴趣，提高欣赏音乐的能力。

体育：短课时主要以板房教学班为单位在板房内进行，以室内操和室内游戏为主。长课时主要以一个教学班和多个教学班为单位在板房外选择空地或校外安全地带进行，以身体素质练习、中长跑练习、远足练习、体育舞蹈练习等为主要内容。

各地可积极探索，采取活动教学的方式，把音、体、美进行有机的整合。

信息技术：义务教育阶段，具备条件的学校，可按每周 1－2 节开设。若条件有限，可通过播放影像光盘，让学生了解信息技术的发展及应用，增强学生信息意识；可利用《信息技术》教材插图多、可操作性强的特点，让学生阅读教材，学习信息技术课的基础知识。普通高中学校要努力创造条件按要求开设信息技术课程。各地教育部门可根据灾区学校安置较为集中的特点，有重点地建立中心机房，为板房学校开展信息技术教育创造条件。

物理、生物、化学、科学：此类学科的实验操作部分，学校应尽可能地创造条件按要求完成实验操作。若条件有限，可安排演示实验，也可利用光盘进行教学。

综合实践活动：研究性学习、社区服务与社会实践以及劳动与技术教育等综合实践活动的内容，统整在地方课程和学校课程中学习。各地应结合"抗震救灾"、"灾后重建"的实际，按省上有关要求开展有特色的综合实践活动。

3. 努力开好义务教育地方课程

具备条件的学校，应按省上的要求开设地方课程。条件受限的学校，可以根据实际情况，适当增减地方课程的内容和课时。所有学校都应加强心理健康教育和生命与安全教育，保证必要教学时间，提高学生的心理健康水平、安全意识和应对各种突发事件的生存技能。

4. 适当调整考试内容、方式及政策

各地在中考和高中毕业会考时，应根据板房教学的实际情况，作适当调整。

外语听力考试：在外语科中考中，可取消听力考试。板房学校高中学生参加全省高中毕业会考，一律免考外语听力。

中考的实验操作考试：可根据当地学校条件，决定初中毕业年级学生是否进行实验操作考试。实验操作考试免考后，初中毕业年级学生实验操作成绩（等级）由学校根据学生平时实验操作及实验考查情况等综合确定，实验操作成绩可不纳入中考升学成绩。

高中毕业会考的实验操作考试：各市州教育行政部门应根据当地实际，研究、制订本地区普通高中学校学生理、化、生实验操作考查实施办法，由学校组织实施。

三、挖掘整合资源，加强板房学校校园文化建设

校园文化是学校教育的重要组成部分。各地要加强板房校园文化建设，充分发挥校园文化育人功能。

1. 加强校园环境文化建设

校园环境文化建设主要包括：校园公共区域文化建设、办公室文化建设、教室文化建设、寝室文化建设、食堂文化建设及厕所文化建设等校园物理环境的文化建设。学校应按相关要求在校园中心区域悬挂中华人民共和国国旗，定期举行升旗仪式；在校园的醒目处（如主要通道侧，校门附近等）设置宣传栏或展板并定期更换内容；在校园的公共区域设置各类标语牌或者提示牌；在教室内设置班级板报；在办公室及教室或者寝室内悬挂文化挂件，张贴宣传标语、书法作品、学生的手工作品，摆放盆景植物；开设校园广播。同时，注重整个校园环境的整洁和卫生，将育人融入整个校园的物理环境及氛围建设之中。

2. 加强校园活动文化建设

由于板房教室的空间相对狭小，板房校园又相对狭窄，因此，“活动文化”表现出其特有的重要功能。板房学校的活动文化建设要基本实现系列化、制度化、课程化和常态化。要以庆祝新中国成立六十周年为主题，深入开展“弘扬和培育民族精神月”活动及其他主题教育活动，尤其要开展好抗震救灾精神的学习宣传活动。大力宣传胡总书记、温总理在抗震救灾中的讲话，特别是对灾区师生的关怀和期望；宣传中华民族伟大的抗震救灾精神，尤其是本地本校抗震救灾英雄和先进人物的优秀事迹及其面对灾难百折不挠、昂扬向前的不屈意志。可以开展国旗下讲话、主题班会、少先队活动、共青团活动等主题活动；开展班级板报评比、诗歌朗诵比赛、演讲比赛、“阳光少年”评比、合唱比赛、作文比赛、“流动红旗”评比、运动比赛等竞赛奖励活动；开展社区帮扶活动，如帮助生活困难群众、残疾群众活动，到社区进行宣讲、演出；开展课间趣味活动等。通过一系列有序的、多样化的活动，用具有针对性、时代性的教育内容和文化内涵来感染教育师生。

二〇〇九年三月十六日

关于召开四川省灾后教学重建现场研讨会的通知

成都市、德阳市、绵阳市、广元市、雅安市、阿坝州、攀枝花市、凉山州教育局：

为了深入、有效地做好四川省灾后教学重建工作；促进地震灾区学校及教师充分交流、学习、共享板房环境下教学管理、教学实践等方面的经验，进一步推进四川省灾后教学重建工作，经研究，四川省教育厅决定于 2009 年 4 月 13 日至 15 日召开“四川省灾后教学重建现场研讨会”。现将有关事项通知如下。

一、参会人员

1. 每个市、州教育局分管局长、教科所所长各 1 人。

2. 成都、德阳、绵阳、广元、雅安、阿坝每个市州各选派板房学校校长、教师代表（含交流经验的代表）10 人参会，攀枝花市、凉山州各选派 3 位代表参会。

3. 四川省灾后教学重建研究课题组成员。

二、会议主要内容

1. 观摩、学习绵竹市板房学校教学管理和课堂教学经验。

2. 交流、学习板房条件下教学管理的策略、方法；交流、学习、共享板房过渡期理化生实验、音乐、体育、信息技术等学科教学中有效提高教学质量的策略、方法。

三、会议安排

1. 报到时间：4 月 13 日 14：00—20：00

2. 报到地点：德阳市天韵休闲酒店天韵阳光 D 栋总台（德阳汽车站可乘 12 路公共汽车到天韵休闲酒店。交通线路图见附件一）

3. 4 月 14 日、15 日观摩、交流、学习。

四、其他

1. 由于会议场地、接待能力等限制，请相关市、州务必按规定人数确定参会代表，并通知参会代表准时到会。

2. 会议代表的食宿费用由四川省教育科学研究所承担，来去车费回原单位报销。

四川省教育厅

二〇〇九年三月二十四日

四川省教育厅关于做好学生进入永久性校舍有关工作的通知

川教函〔2009〕393号

各市州教育局：

目前，我省灾后重建学校已全面开工，部分校舍即将竣工并陆续投入使用，为了确保师生健康、确保正常的教育教学秩序，现就做好学生进入永久性校舍前后的有关工作通知如下。

一、加强校舍装修管理。认真贯彻省政府办公厅《关于进一步做好学校医院等公共服务设施灾后恢复重建工作的意见》（川办发〔2009〕22号）中有关学校灾后重建建筑设计装修的《指导意见》，校舍装修应当坚持“经济、适用、美观”的原则，选用高效、节能、环保的装饰材料，不得采用高档材料。特别要严把装饰材料质量关，防止因装饰材料环保指标不达标而危及师生健康。

二、搞好校园环境建设。切实做好校园绿化、校园文化等校内环境建设，努力创造适合青少年德育、智育、体育、美育全面发展的学校环境。校园绿化应结合建筑景观统一规划设计，因地制宜选择材料。不得使用豪华、烦琐的景观设计方案，不得选择名贵花木。

三、坚持按标准配备教仪设备设施。严格按照国家和省现行标准，配备教学仪器、图书和体育卫生艺术等设备设施，以满足正常教育教学和实施素质教育的需要。同时，严禁超标准配置，特别要充分考虑今后的运行成本，防止出现因学校公用经费等原因，造成仪器设备闲置的现象。

四、提前做好重建学校的师资配备。根据重建学校的点位、规模等实际情况，提前制定重建学校师资配备方案并加快组织实施，按照上级有关部门核定的教职工编制岗位设置管理规定和课程设置要求等，确保重建学校的教职员工全面到位。

五、切实加强对师生的教育和管理。重建学校教学仪器设备设施将更加完善，寄宿生也将有所增多，势必增加学校的公用经费支出。要教育和引导师生爱护学校公共设施，养成勤俭节约的良好习惯，在不影响正常学习、生活的前提下，尽量节约开支，以降低学校的运行成本。

二〇〇九年七月六日

参考文献

1. 中华人民共和国防震减灾法［M］. 北京：法律出版社，2009.

2.《汶川地震灾后恢复重建条例》（国务院令第526号）.

3. 国务院关于印发汶川地震灾后恢复重建总体规划的通知，国发〔2008〕31号.

4. 新华社总编室．中国汶川抗震救灾纪实［M］. 北京：新华出版社．2008. 5.

5. 李益众．坚持科学重建 振兴四川教育——访四川省教育工委书记、教育厅厅长涂文涛［N］. 中国教育报，2009－5－13（1）.

6. 何绍勇．坚持科学重建，振兴四川教育［J］. 教育研究，2009（12）.

7. 四川省灾后恢复重建委员会．抗击汶川地震灾害的“四川实践”与启示［N］. 人民日报，2010－05－31. 第16版.

8. 刘继青，李洺．灾后教育：发展性重建的战略构想［J］. 国家教育行政学院学报，2008（11）.

9. 吉文昌，曾宁波，赖长春，贾贵洲．“5·12”地震灾后四川教育重建振兴研究报告［J］. 教育科学论坛，2009（12）.

10. 龚波．灾后教育重建的时效性特征及急需处理好的关系［J］. 当代教育科学，2009（1）.

11. 范国睿．教育生态学［M］. 北京：人民教育出版社，2000. 7. 1.

12. 朱涛：台湾“9·21”地震重建经验［N］. 南方都市报评论周刊，2008－5－25.

13. 朱凤岚．社科院专家介绍日本的地震灾后重建经验［N］. 华夏时报，2008－05－26.

14. 李茂．灾后学校重建：新奥尔良的故事［N］. 中国教师报，2008－6－11.

15. 谭毅．唐山大地震的灾后恢复重建内容和经验［J］. 城市与减灾，2009，（2）.

16. 阮守华，郭鑫，洪成文．震区教育重建的应对策略——以台湾“9·21”地震为例［J］. 天津市教科院学报，2009（1）.

17. 初雪．对口援建：中国式赈灾［J］. 四川党的建设：城市版，2008（8）.

18. 金磊．灾后重建论——四川汶川“5·12”综合减灾重建策略研究［M］. 北京：中国建筑工业出版社，2008－10－1.

19. 国务院研究室编写组．十一届全国人大三次会议学习问答［M］. 北京：中国言实出版社，2010－3－1.

20. 张立伟．灾后重建“四川模式”：从实践上升到理论［N］. 四川日报，2010－07－21. 第7版.

21. 徐玖平，王鹤．汶川特大地震灾后基础教育重建的系统分析［J］. 世界科技研究与发展，2008（12）.

22. 连玉明．汶川案例（应急篇）［M］．北京：中国时代经济出版社，2009：15.

23. 王莉丽．突发事件心理援助体系的建设．［M］．中国社会出版社，2009.

24. 赖念华．灾后心理重建历程之合作行动研究［D］．国立台湾师范大学，2002.

25. 郑日昌．灾难的心理应对与心理援助［J］．北京师范大学学报（社会科学版），2003（5）.

26. 谢伟．心理救助的国际经验［J］．中国社会导刊，2006（27）.

27. 张侃，王日出．灾后心理援助与心理重建［J］．中国科学院院刊，2008，23（4）.

28. 曾宁波．地震灾区学校心理援助机制初探［J］．中国特殊教育，2008（6）.

29. 林崇德，伍新春等．灾后中小学生的长期心理援助模式［J］．华南师范大学学报（社会科学版），2009，（4）.

30. 陈雪峰，王日出，刘正奎．灾后心理援助的组织与实施［J］．心理科学进展，2009，17（3）.

31. 夏金彪．美国和日本的心理援助、心理重建经验［N］．中国经济时报，2009（5）.

32. 朱小蔓等．关于现代学校制度的含义、特征、体系的初步认识［J］．人民教育，2004（17）.

33. 程晋宽．试论美、加、澳现代学校教育制度的后现代特征［J］．比较教育研究，2008（7）.

34. 乐先莲．构建现代学校制度的现实困境和对策［J］．教学与管理，2008（2）.

35. 都江堰市教育局，成都市教科所，上海市教委教研室．以制度创新引领灾后教育重建和现代化发展——都江堰市灾后教育重建与现代化发展的探索与实践［J］．教育科学论坛，2009（9）.

36. 萧延中 等．多难兴邦——汶川地震见证中国公民社会的成长［M］．北京：北京大学出版社，2009. 8.

37. 苏碧群．春风桃李——“5·12”汶川大地震成都市学校灾后重建纪实［M］．成都：四川人民出版社，2010. 5.

38. 成都市教育局．大爱·大勇——“5·12”汶川特大地震灾害成都市教育系统抗震救灾纪实［M］．成都：西南财经大学出版社，2008. 9.

39. 胡锦涛．在全国抗震救灾总结表彰大会上的讲话［N］．中国政府网，2008－10－08.

40. 教育部邓小平理论和“三个代表”重要思想研究中心．伟大的抗震救灾精神宣示了社会主义核心价值体系的蓬勃生机［J］．求是，2008（19）.

41. 陶志琼．关于感恩教育的几个问题的探讨［J］．教育科学，2004（8）.

42. 冯东梅、孙玉娟．日本中小学校的安全教育及其启示［J］．吉林教育，2005（6）：44.

43. 肖伟 陈永革．四川灾后重建社区志愿服务法治化的比较研究［J］．甘肃行政学院学报，2009（6）.

44. 胡锦涛．在全国教育工作会议上的讲话［N］．中国政府网．2010－09　08.

45. 国家中长期教育改革和发展规划纲要（2010—2020年）.

后 记

2008年5月12日14时28分04秒，四川汶川（北纬31.0，东经103.4）发生里氏8.0级地震。这是新中国成立以来破坏性最强、波及范围最广、救灾难度最大的一次地震，也是新中国成立以来四川教育面临的最严重的一次自然灾害。2008年6月8日至9日，应四川省教育厅的邀请，中央教育科学研究所袁振国所长到四川省就地震灾后的教育重建问题进行调研，双方决定由四川省教育厅副厅长何绍勇主持，携手开展地震灾后教育重建研究。随后，“5·12四川汶川大地震灾后教育重建研究”被确立为中央教育科学研究所2008年度专项业务基金重大项目。

2008年8月20日至21日，“5·12四川汶川大地震灾后教育重建研究”课题开题会在成都举行，来自中央教科所、四川省社科院等10多位专家学者以及四川省“5·12”地震重灾区教育局负责人等出席会议并对课题的研究提出了宝贵意见。两年多来，课题组组长何绍勇同志主持召开大型学术研讨会、课题咨询会、专题调研会、成果总结提炼会等10余次，就课题研究目标、重点、范围、方法等作了重要指示。作为课题秘书单位，四川省教育科学研究所始终将课题研究列入每年年度工作重大目标任务，安排研究人员300多人次，深入6个重灾市州39个县（市、区）学校和教育部门开展调研；组织形式多样的子课题研讨会60多次，深入研讨灾后教育重建中的问题，广泛征求专家及基层同志的意见，商讨解决问题的对策；形成学术文章、中期报告、调研报告、政策建议及简报80多份。这些成果，有的为教育行政决策提供参考或直接转化为教育政策，有的被直接应用到灾后教育重建实践。总结阶段，课题组专门成立了工作组，收集整理国内外研究资料，深入灾区开展调查研究，广泛征求意见建议，数易其稿，形成课题成果报告。

2010年11月5日，课题结题会在成都召开。以中央教科所所长袁振国为组长的鉴定组认为，“此课题立意深远，思想性、政策性和操作性很强，在我国重大教育实践与教育决策研究的同类项目中达到了领先水平，成为及时回答重大教育实践问题的研究范例，为教育研究推动教育决策和教育实践科学化提供了典型示范。研究成果是四川为我国乃至世界教育减灾防灾及灾后重建留下的宝贵经验。”

本课题组由何绍勇任组长，刘东、吉文昌任副组长，成员有孟万金、张彩云、戴作安、刘莉、周雪峰、罗大宪、李曦、潘力、石建、周林、曾宁波、刘建国、王真东、李全等。参与成果报告撰稿的主要人员有吉文昌、周林、曾宁波、贾贵洲、赖长春、欧阳芸、付春敏、何立新、邱永诚、刘方。

课题研究得到了中央教科所的大力支持，袁振国所长对课题研究的方向、思路和范围提出了重要意见，田慧生、曾天山、陈如平、史习琳等同志也给予了专业指导。课题研究还得到了灾区教育行政部门、教研部门、中小学校长及教师的配合和支持，得到了教育科学出版社的热情帮助，同时参阅借鉴了国内外大量灾后教育重建研究的案例、专著、文献资料，引用了相关数据和图片，在此一并致谢。

（文中图片未注明出处的均由课题组提供）

责任编辑　刘　蕾
版式设计　贾艳凤
责任校对　曲凤玲
责任印制　曲凤玲

图书在版编目（CIP）数据

"5·12"汶川特大地震四川灾区教育重建研究／四川省"'5·12'灾后教育重建研究"课题组著．—北京：教育科学出版社，2011.1
ISBN 978-7-5041-5489-7

Ⅰ．①5…　Ⅱ．①四…　Ⅲ．①地震灾害—灾区—教育工作—研究—四川省　Ⅳ．①G527.71

中国版本图书馆 CIP 数据核字（2010）第 256778 号

出版发行	教育科学出版社		
社　址	北京·朝阳区安慧北里安园甲9号	市场部电话	010-64989009
邮　编	100101	编辑部电话	010-64989561
传　真	010-64899519	网　址	http://www.esph.com.cn
经　销	各地新华书店		
制　作	北京金奥都图文制作中心		
印　刷	保定市中画美凯印刷有限公司	版　次	2011年1月第1版
开　本	184毫米×260毫米　16开	印　次	2011年1月第1次印刷
印　张	13.75	印　数	1—5 000册
字　数	256千	定　价	35.00元